GASPERINI - NAGELSMANN - RODGERS - TEN HAG

PENSAR EN GRANDE

ANÁLISIS TÁCTICO Y TAREAS DE ENTRENAMIENTO

RODRIGO ARIAS

Pensar en grande / Rodrigo Arias. - 1a ed. - LIBROFUTBOL.com, 2021.
202 páginas; 15,2 x 22,9 cm.

ISBN 978-987-8370-30-9

1. Fútbol. 2. Deportes. 3. Deportes en Equipo. I. Título.

CDD 796.334

PENSAR EN GRANDE
de Rodrigo Arias

Diseño de cubierta: Luciano Medvetkin
Maquetación: Luciano Medvetkin
Foto del autor: © Rodrigo Arias

LIBROFUTBOL.com
Olga Cossettini 1112 - oficina 8F - Ciudad de Buenos Aires - Argentina

ediciones@librofutbol.com

+54 9 11 2215 1982

@librofutbol

1ª edición: junio 2021

ISBN 978-987-8370-30-9

Dedicado a Alicia, José, Gaby y a toda mi familia por el apoyo incondicional.

Índice

INTRODUCCIÓN

La intención de este libro es mostrar los comportamientos, en las distintas fases del juego, de los equipos dirigidos por los entrenadores elegidos. Es tan interesante estudiar la forma de atacar que tienen aquellos conjuntos que pretenden ser protagonistas, a través de un estilo ofensivo, como también poder entender cómo buscan defenderse con y sin balón.

Es por eso que se han analizado once tipos de situaciones para identificar sus patrones de juego. Partiendo de la progresión desde el zona de inicio hasta la utilización de los jugadores pertenecientes a las distintas líneas para elaborar un ataque. Además, se descompone su modelo defensivo desde la presión tras pérdida hasta las diferentes zonas (alta, media y baja) donde se ubican para recuperar el balón. Por último, se colocará la lupa sobre el jugador insignia de cada equipo, entendiendo que su aporte jerarquiza y eleva el juego colectivo.

Como cierre, se comparte una jugada "bonus" de cada equipo, que sirve para retratar el estilo de juego propuesto por cada entrenador.

Todos los videos están realizados con el software Metrica Play, de la compañía Metrica Sports, dándole un aporte diferencial a cada videoanálisis.

Esta obra se forjó no solo con el objetivo de poner en cuestión aquellas máximas que sostienen que los grandes equipos solo pueden formarse con inversiones millonarias (tomando como referencia a los clubes económicamente más poderosos) y con jugadores de elite, sino también con el propósito de enaltecer la conformación de proyectos que pretenden, a

través de otros medios (academias, apuesta por posibles talentos o jugadores que no están en el radar de los equipos de más renombre), construir equipos competitivos con un estilo determinado, siendo la elección del entrenador una consecuencia de esa búsqueda.

El autor

ESQUEMAS HABITUALES UTILIZADOS PARA LOS ANÁLISIS DURANTE EL LIBRO

1-4-1-4-1

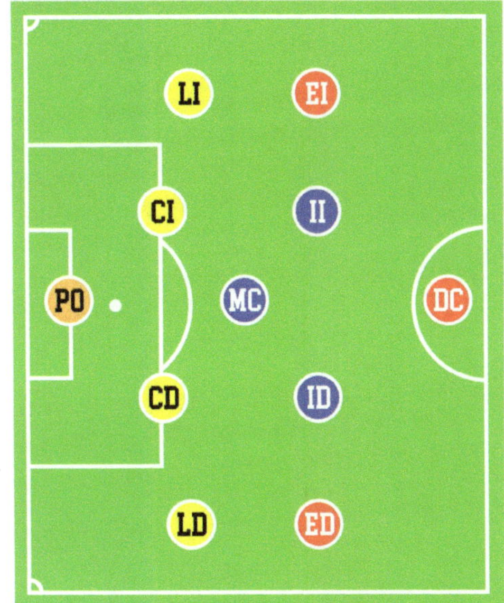

1-4-2-3-1

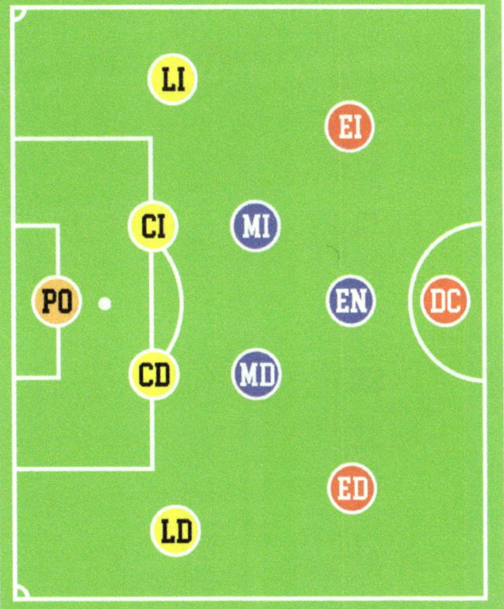

4-2-2-2

LI

CI MI MPI DI

PO

CD MD MPD DD

LD

- PO PORTERO
- LI LATERAL IZQUIERDO
- CI CENTRAL IZQUIERDO
- C CENTRAL
- CD CENTRAL DERECHO
- LD LATERAL DERECHO
- II INTERIOR IZQUIERDO
- MI MEDIOCENTRO IZQUIERDO
- EI ENLACE IZQUIERDO
- MC MEDIOCENTRO
- MPI MEDIAPUNTA IZQUIERDO
- EN ENLACE
- ED ENLACE DERECHO
- MD MEDIOCENTRO DERECHO
- ID INTERIOR DERECHO
- MPD MEDIAPUNTA DERECHO
- EI EXTREMO IZQUIERDO
- DI DELANTERO IZQUIERDO
- DC DELANTERO CENTRO
- DD DELANTERO DERECHO
- ED EXTREMO DERECHO

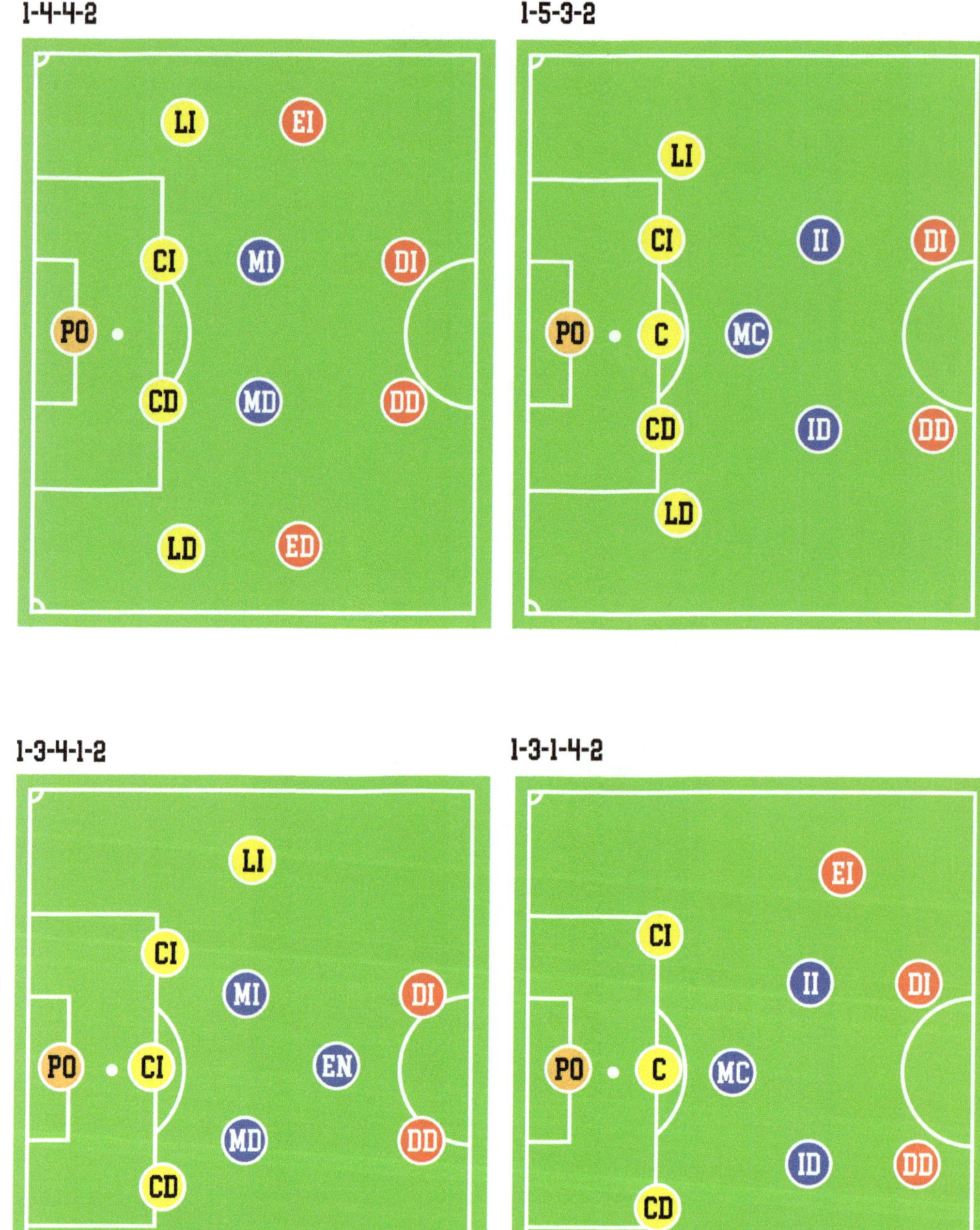

1-4-4-2
LI
EI
CI
MI
DI
PO
CD
MD
DD
LD
ED
1-5-3-2
LI
CI
II
DI
PO
C
MC
CD
ID
DD
LD
1-3-4-1-2
LI
CI
MI
DI
PO
CI
EN
MD
DD
CD
LD
1-3-1-4-2
EI
CI
II
DI
PO
C
MC
ID
DD
CD
ED

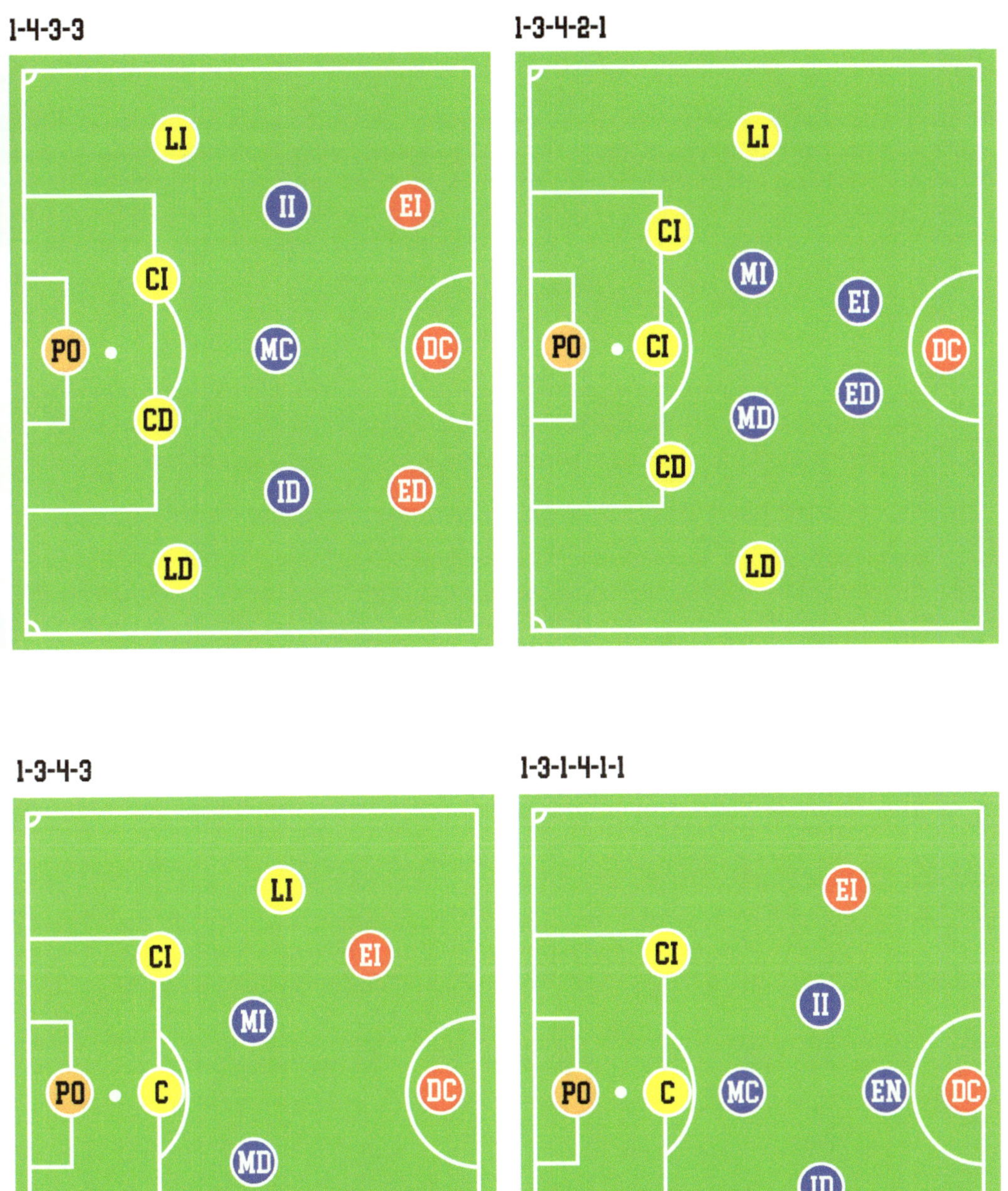

1-4-3-3
LI
II
EI
CI
PO
MC
DC
CD
ID
ED
LD
1-3-4-2-1
LI
CI
MI
EI
PO
CI
DC
ED
MD
CD
LD
1-3-4-3
LI
CI
EI
MI
PO
C
DC
MD
CD
ED
LD
1-3-1-4-1-1
EI
CI
II
PO
C
MC
EN
DC
ID
CD
ED

CAPÍTULO 1

BRENDAN RODGERS

> *"Quiero ofrecer al Leicester un fútbol merecedor de verse estético e intenso".*
>
> **Brendan Rodgers**

INTRODUCCIÓN

Sistema de juego habitual: utilizado el 65% de los partidos.

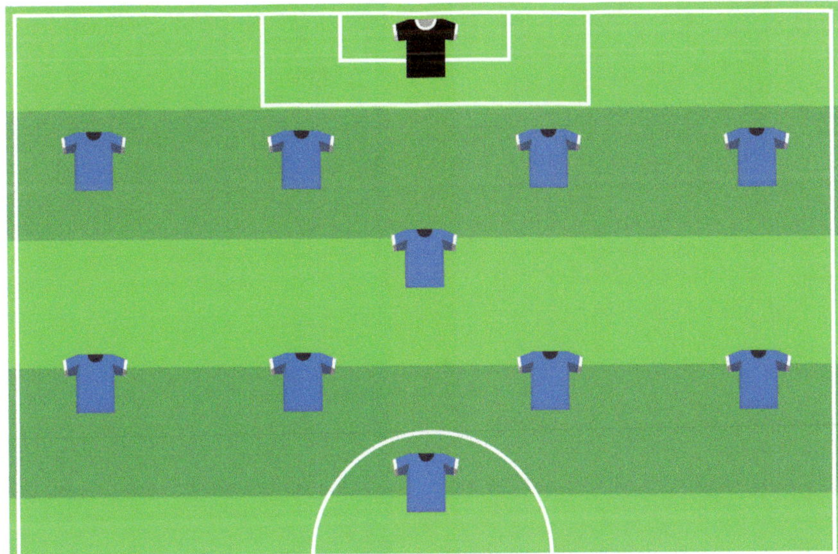

1-4-1-4-1

PROGRESIÓN DESDE LA ZONA DE INICIO

SITUACIÓN 1: atraer para liberar la zona - uso del "tercer hombre"

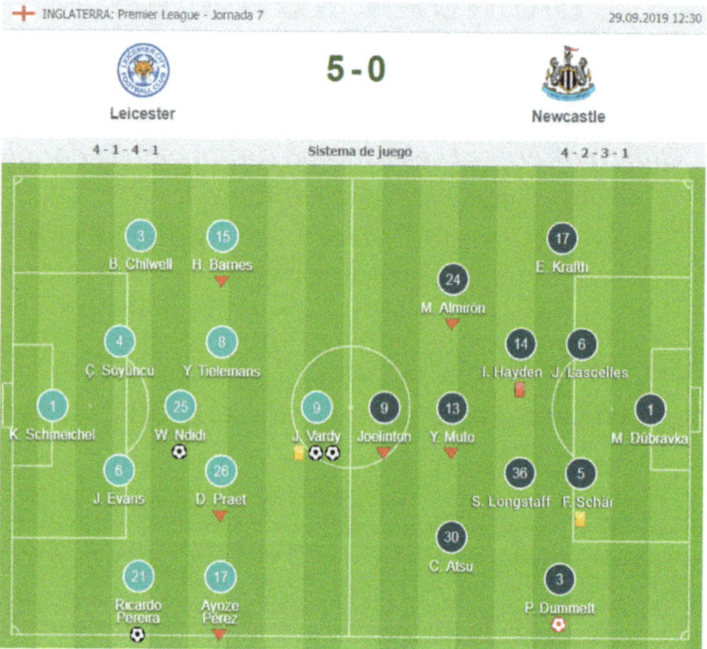

ANÁLISIS DE LA SITUACIÓN

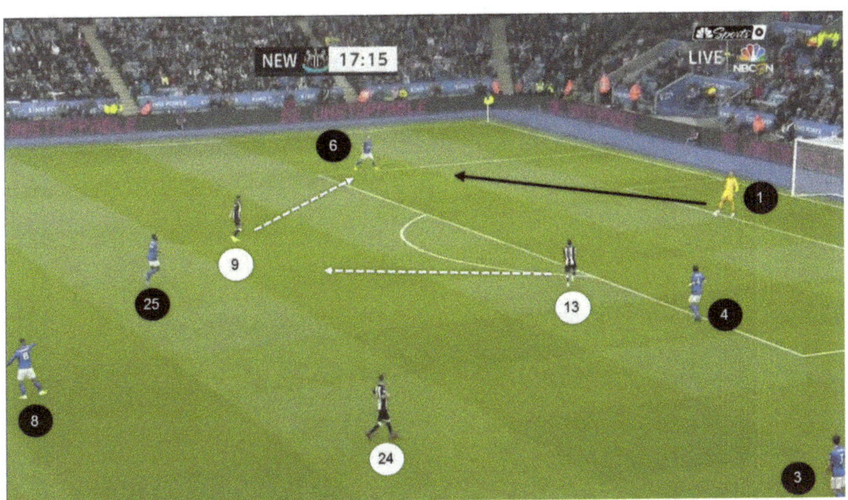

Leicester busca atraer al rival. En su primera línea de construcción posiciona a los centrales, Jonny Evans (6) y Çağlar Söyüncü (4), y a sus laterales descendidos [en la imagen solo se observa a Benjamin Chilwell (3, lateral izquierdo)]. Tres jugadores son acosados por dos oponentes: el enlace (13) y el delantero centro (9).

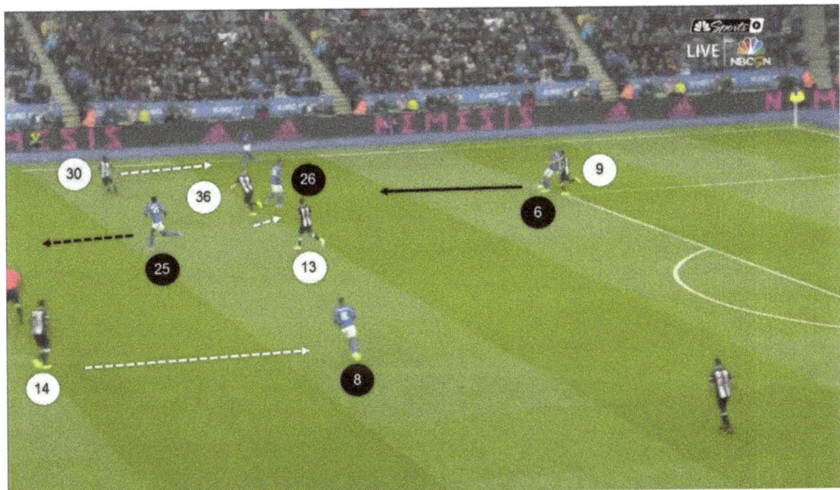

El central derecho (6) realiza una conducción corta para seguir atrayendo al adversario (9). El interior derecho, Dennis Praet (26), atrae al interior izquierdo contrario (36); mientras que el interior izquierdo, Youri Tielemans (8), hace lo mismo con el interior derecho rival (14).

De esta forma, tras liberar el espacio central, se buscará superar la línea de presión buscando al "tercer hombre", Wilfred Ndidi (25, mediocentro), quien se desmarca del enlace (13).

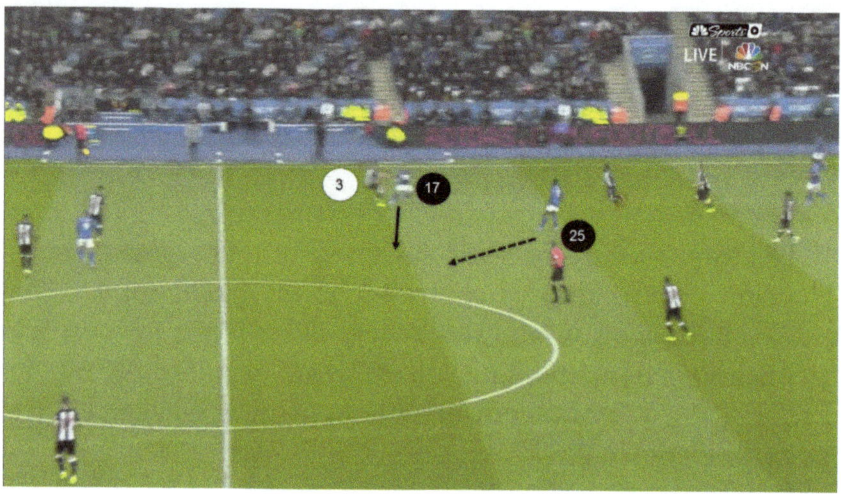

El pase largo de Evans (6) tiene como destinatario al extremo derecho, Ayoze Pérez (17), quien desciende por dentro para servir de apoyo (2º hombre) con Ndidi (25). La última línea del oponente no acompañó la presión, estiró su bloque y el mediocentro (25) del equipo de Rodgers encuentra espacios para progresar.

SITUACIÓN 2: salida por fuera en saque de meta - apoyos - jugador libre

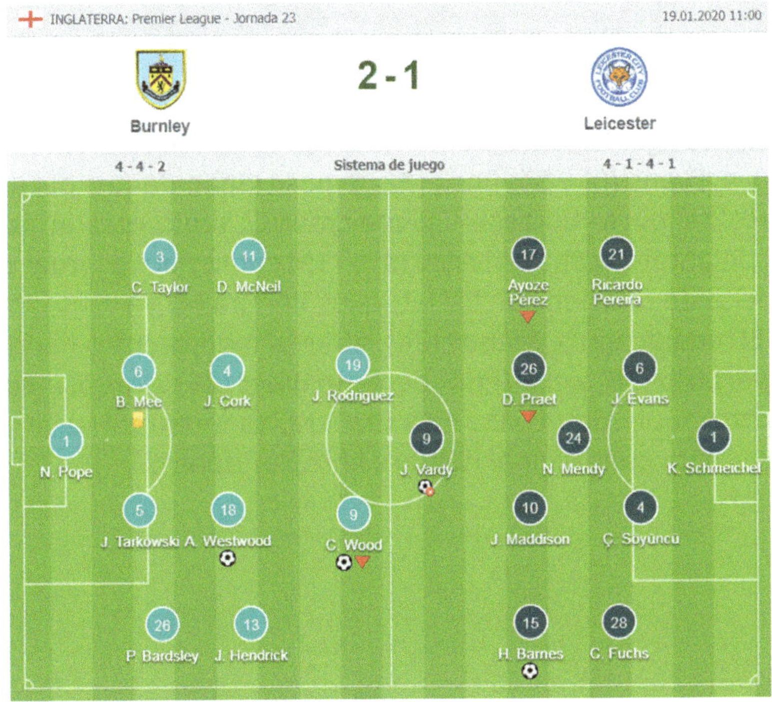

ANÁLISIS DE LA SITUACIÓN

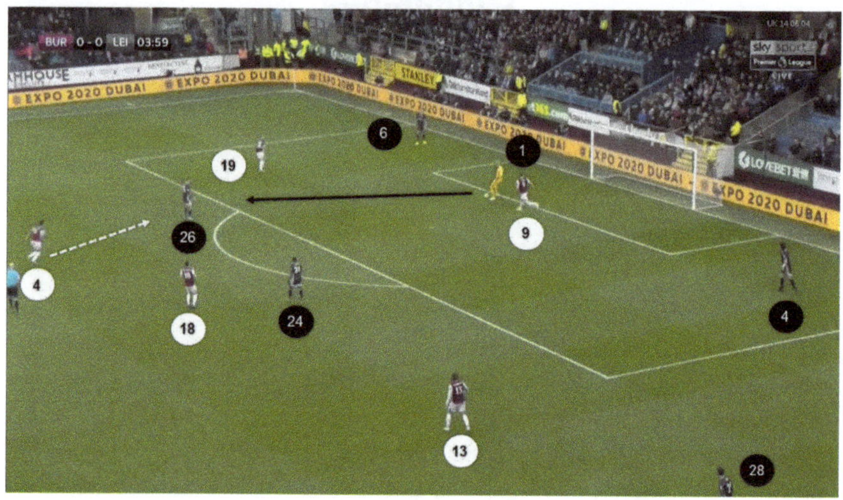

El rival iguala numéricamente la salida de Leicester. Los centrales, Evans (6) y Söyüncü (4), se posicionan dentro del área cerca del portero Kasper Schmeichel (1), tanto para atraer a los delanteros centro rivales (9) y (19) como para guardar distancias de relación con los laterales Pereira (4) y Fuchs (28).

El mediocentro, Mendy (24), atrae al mediocentro derecho adversario (18) y el interior derecho Praet (26) atrae al mediocentro izquierdo (4). De esta manera, se intentará jugar por fuera para conseguir al hombre libre por dentro.

El portero (1) juega con Praet (26, interior derecho), quien descarga a un toque en búsqueda de Pereira (21) por la banda. El lateral derecho (21) es presionado por el extremo izquierdo oponente (11), por lo que juega de primera para evitar que le cubra la línea de pase por fuera.

El lateral derecho (21), jugando a un toque, encuentra apoyo gracias al descenso de Pérez (17), el extremo derecho, que al hacerlo por dentro le permite al lateral seguir con la con-

ducción de balón por la banda y así poder eliminar tanto a su marca como al lateral izquierdo contrario (3).

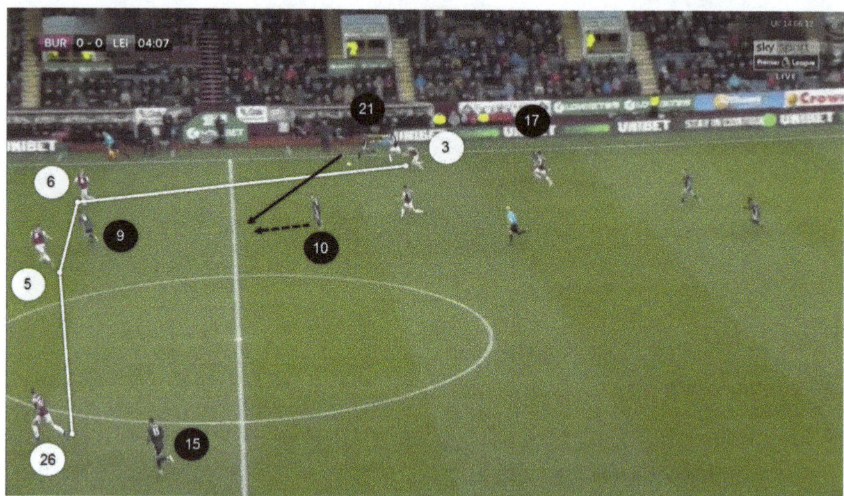

El interior izquierdo, James Maddison (10), surge como hombre libre en la salida de Leicester. La última línea defensiva rival, integrada por cuatro futbolistas, que defiende a Vardy (9, delantero centro), Barnes (15) y Pérez (17), no acompaña la presión y el bloque se estira; lo que genera espacios ocupados por Maddison (10) para conducir el ataque.

ATAQUES: PROGRESIÓN Y FINALIZACIÓN

SITUACIÓN 1: ataque con participación de laterales - desmarques - amplitud y profundidad

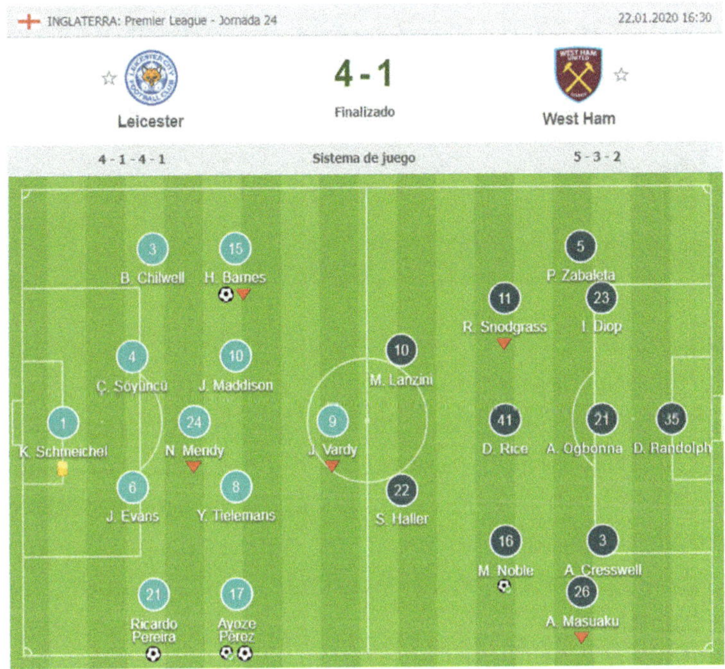

ANÁLISIS DE LA SITUACIÓN

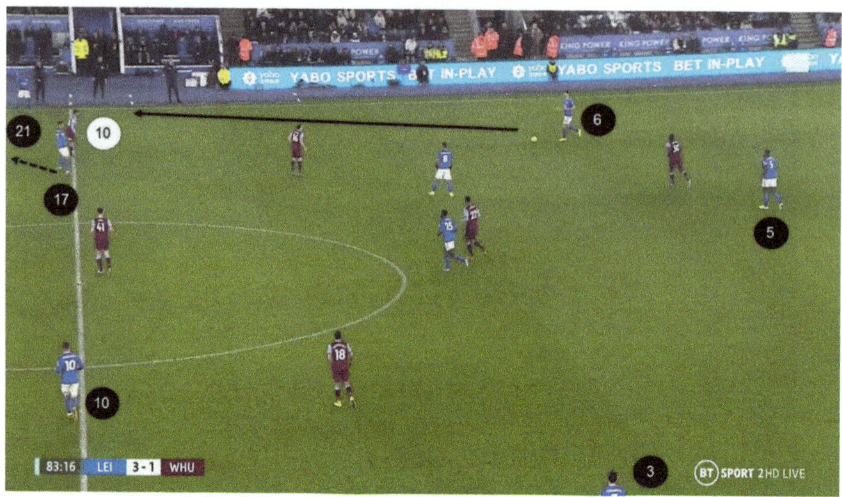

Rodgers modifica el esquema en el último tramo del partido y pasa a jugar con un 1-3-4-1-2, con el ingreso de Wes Morgan (5) como defensor central. El lateral derecho Pereira (21) se ubica por fuera para recibir el pase del central derecho Evans (6); mientras que Pérez (17), ahora posicionado como unos de los dos delanteros centro, desciende por dentro, primero para liberar el carril y luego para realizar un desmarque hacia fuera.

Maddison (10), ahora enlace, se ubica por el centro y entre líneas; mientras que el lateral izquierdo Chilwell (3) se encuentra retrasado, sujeto a la evolución del ataque.

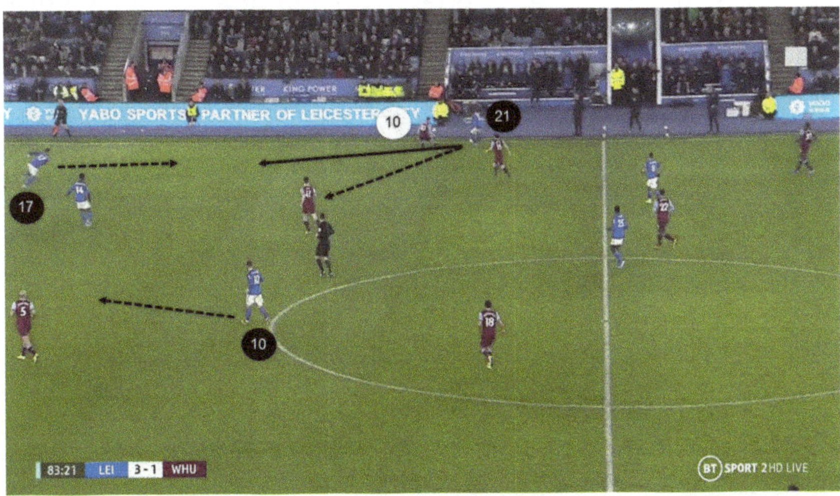

Pereira (21, lateral derecho) controla con un toque y con otro descarga para proyectarse por dentro. Pérez (17, delantero centro) vuelve a desmarcarse, pero esta vez para servir de apoyo. La circulación rápida del balón hace que los rivales lleguen tarde a la presión.

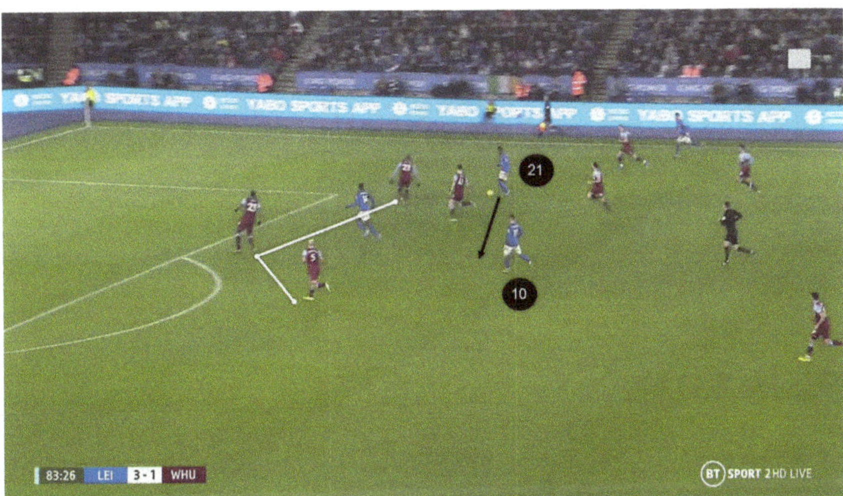

Leicester comienza a orientar el ataque hacia el lado débil del rival, superada su línea de presión en bloque medio. Perei-

ra (21) juega con Maddison (10, enlace), que se movió entre líneas para recibir libre en el momento adecuado.

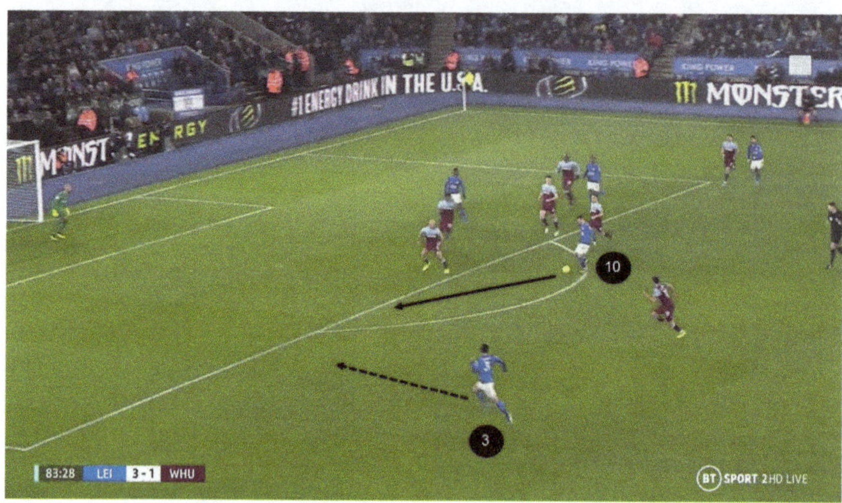

La finalización del ataque se da por el sector opuesto y con el rival completamente basculado hacia su lado izquierdo. Maddison (10) asiste al lateral izquierdo Chilwell (3), que ataca el espacio generado.

SITUACIÓN 2: ataque con participación de medio-campistas - desmarques

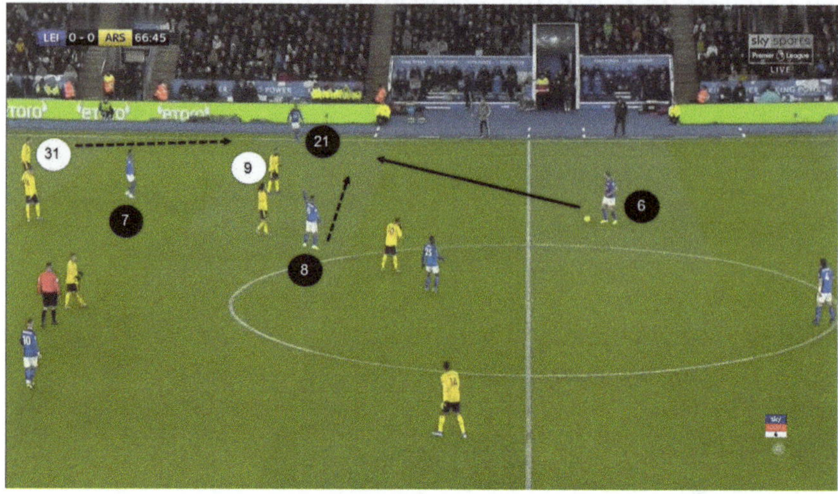

Leicester busca progresar por fuera con el rival defendiendo en bloque bajo y ante un esquema 1-3-4-1-2. El pase del central derecho, Evans (6), va con ventaja hacia el lateral derecho, Pereira (21), que recibe dejando atrás al delantero centro rival (9) y obliga a que salga el lateral izquierdo adversario (31). Gray (7, ingresado en el segundo tiempo como extremo derecho), se coloca por dentro y Tielemans (8, interior derecho) ocupa un rol de “compensador”: de relevo del lateral y de apoyo en ataque.

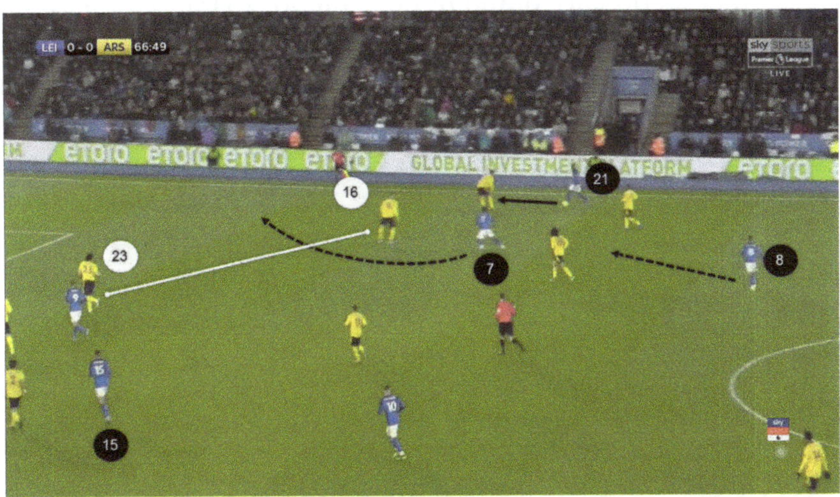

Gray (7) realiza un desmarque hacia fuera, aprovechando lo largo que queda el intervalo entre el defensor central oponente (23) y el central izquierdo (16). La progresión que se produce por el sector derecho es acompañada por el cierre que realiza el extremo izquierdo Barnes (15), ubicándose detrás del delantero centro Vardy (9).

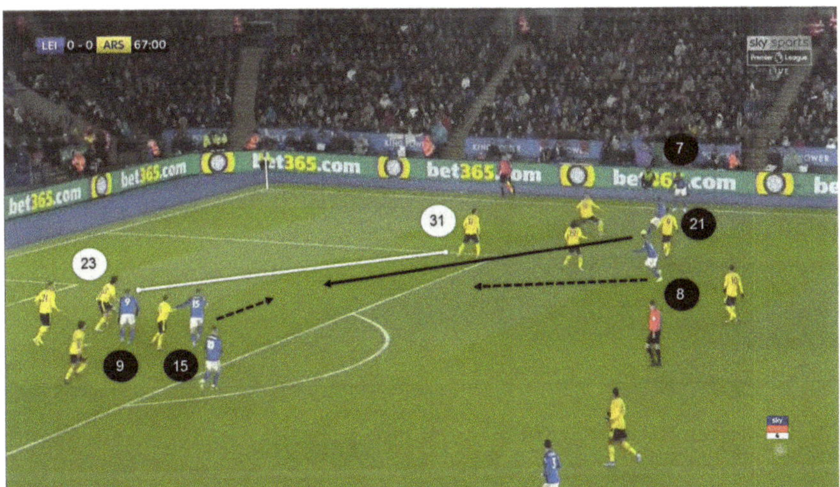

Tielemans (8), que hasta ese momento ocupaba un rol de "compensador" en el juego, se convierte en el jugador clave:

se desmarca, no para quien tiene el balón (21) sino para quien va a recibirlo. Barnes (15) servirá de apoyo para jugar con el interior derecho del Leicester (8), que ataca el intervalo entre rivales.

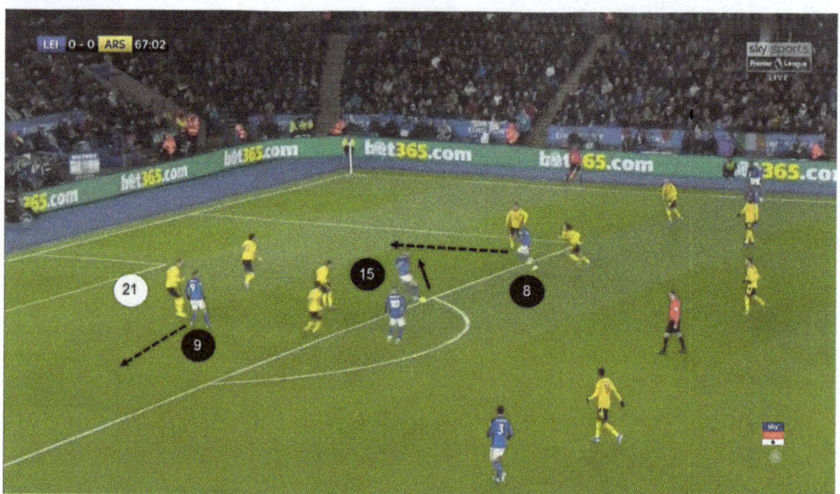

Tielemans (8), como hombre libre, recibe la descarga de Barnes (15) y asiste a Vardy (9), quien se desmarca del central derecho (21) para finalizar el ataque.

Cuando el equipo tiene posesión del balón, es importante que el jugador pueda detectar y comprender el rol que tiene en determinado momento del juego. Según cómo se esté desarrollando la jugada, puede ser un receptor inmediato (que está a un pase del receptor), mediato (que está a más de uno), fijador o compensador (relevo o vigilancia). Son roles que no son estáticos y que irán cambiando de acuerdo al progreso de la jugada.

SITUACIÓN 3: ataque con participación de delanteros - movilidad y desmarques

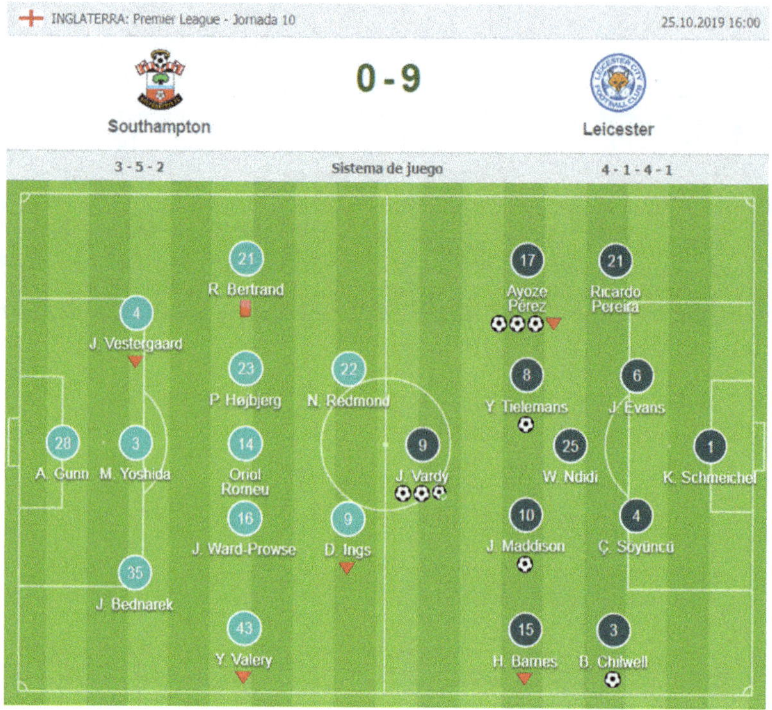

ANÁLISIS DE LA SITUACIÓN

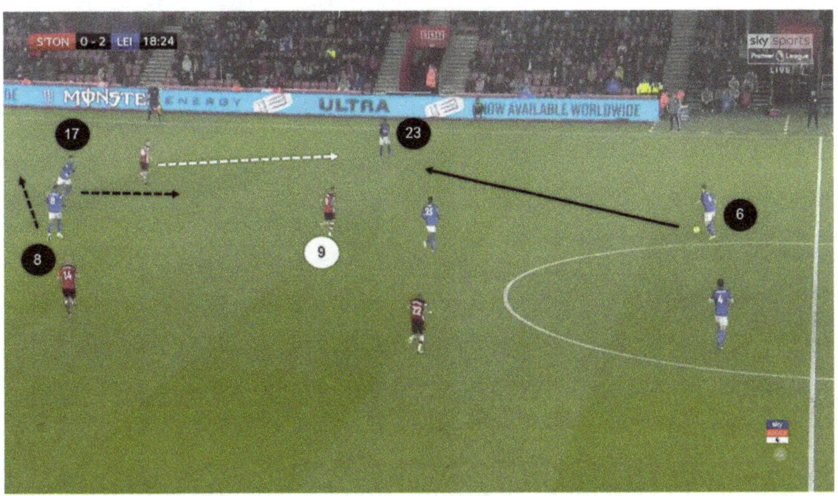

Leicester se vale de la movilidad de sus jugadores para vulnerar a una defensa en bloque bajo, con línea de cinco defensores y que tiene un jugador menos por expulsión. El lateral derecho, Pereira (21), otorga amplitud y ante el pase del central derecho, Evans (6), sale a su acoso el lateral izquierdo rival (23). El interior derecho, Tielemans (8), realiza una diagonal para ocupar el espacio detrás del lateral izquierdo adversario (23); mientras que el extremo derecho, Pérez (17), desciende para recibir libre.

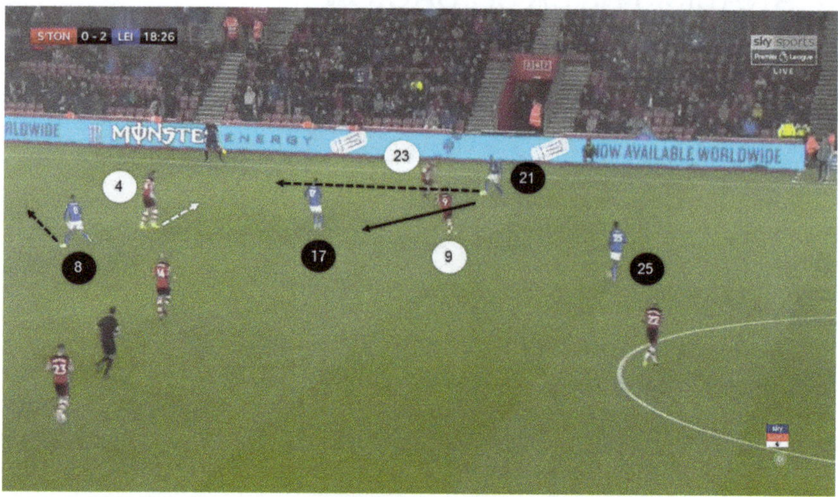

Pereira (21) acelera el juego con el pase a un toque y juega con Pérez (17). El extremo (17) recibe con tiempo para colocarse de frente al ataque. Tielemans (8) se ubica a la espalda del central izquierdo oponente (4), que duda entre quedarse o cubrir una posible proyección del lateral (21). Ndidi (25), mediocentro, queda como “compensador” en la jugada ante una posible pérdida.

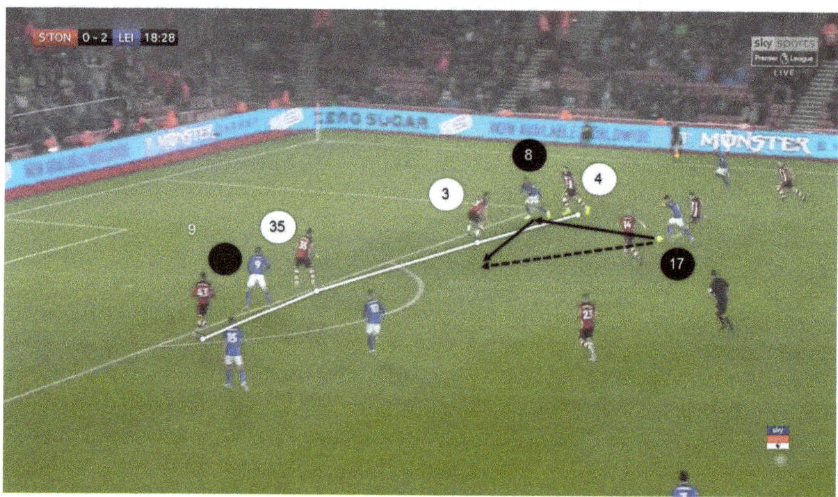

Pérez (17) utiliza al recurso de la pared para finalizar el ataque y se asocia con Tielemans (8), que logró ganarle la espalda al central izquierdo (4) y fijar al defensor central de la línea defensiva (3). De esta forma, el extremo derecho (17) ataca el intervalo rival entre el defensor central (3) y central derecho (35), que no cierra el espacio a tiempo por estar vigilando al delantero centro Vardy (9).

ORGANIZACIÓN DEFENSIVA

SITUACIÓN 1: presión tras pérdida - estar preparado - jugador "compensador"

ANÁLISIS DE LA SITUACIÓN

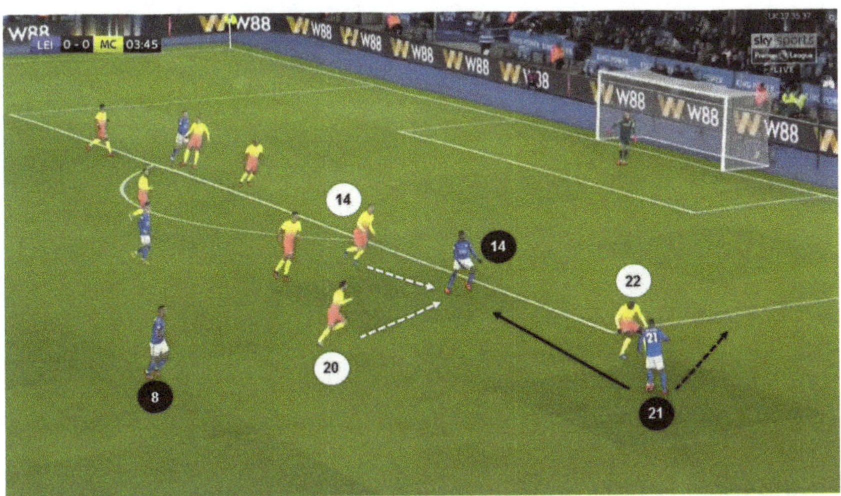

Pereira (21), lateral derecho, intenta fabricar una pared con uno de los delanteros centro, Kelechi Iheanacho (14), que es interceptada por el central izquierdo adversario (14). Tielemans (8), interior derecho, está ocupando el rol de "compensador", tanto para servir de descarga como para vigilar, no solo al posible receptor (20) ante una posible pérdida de balón sino también al rival ubicado a su espalda.

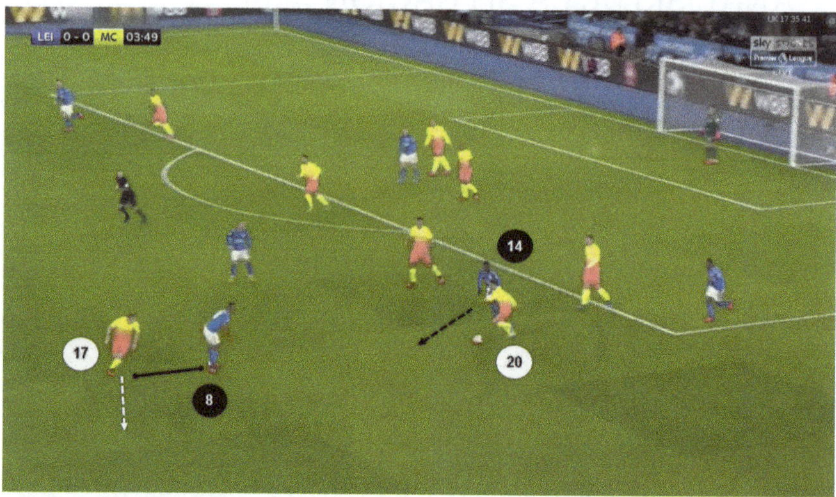

Iheanacho (14) es el primero en iniciar el acoso al ser el más cercano a la zona de la pérdida. El delantero conduce al oponente (20) hacia la banda mientras que el compensador, Tielemans (8), es el jugador que tapa la línea de pase del contrario ubicado a su espalda (17) y, además, es quien busca ralentizar la transición, esperando generar superioridad numérica en la zona.

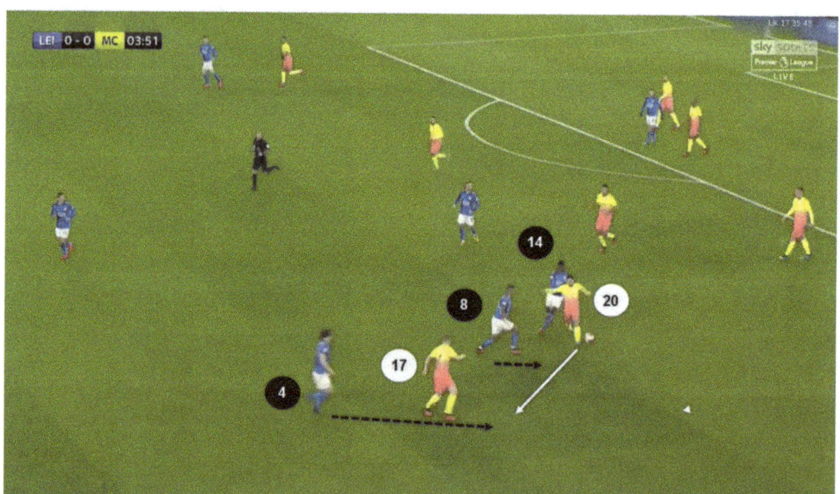

El conjunto de Rodgers logra reducirle espacios al rival y obtener superioridad numérica en la zona con la incorporación a la presión del central izquierdo, Söyüncü (4), quien anticipa el pase del poseedor adversario (20).

SITUACIÓN 2: presión en bloque alto - prepararse para la transición defensa–ataque

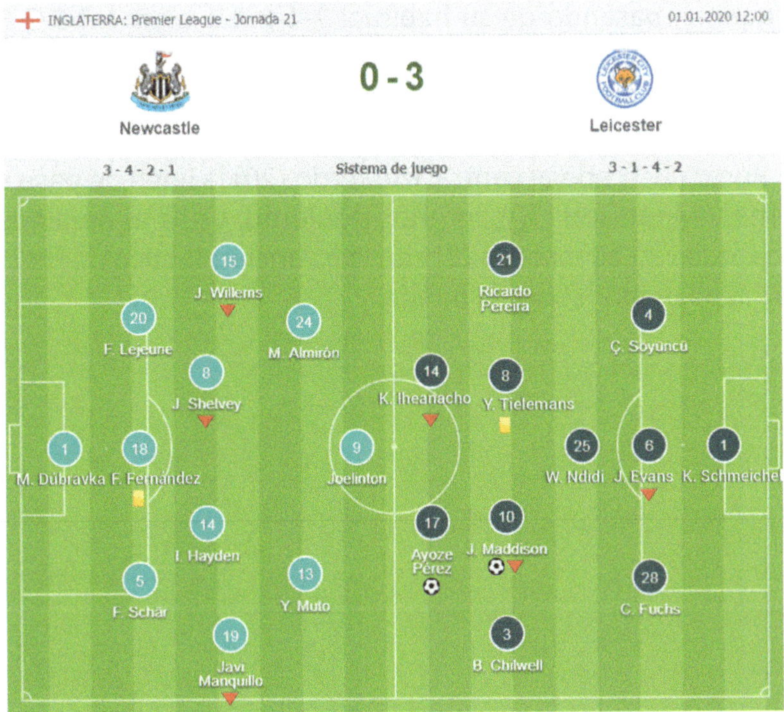

ANÁLISIS DE LA SITUACIÓN

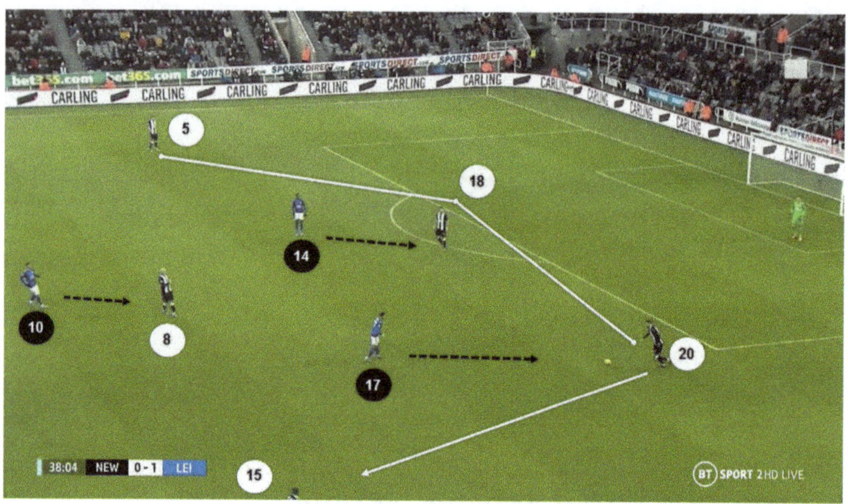

Para este partido Rodgers realiza una modificación en el esquema, pasando de su habitual 1-4-1-4-1 a un 1-3-5-2, jugando con dos delanteros centro, Iheanacho (14) y Pérez (17). Ellos toman a los tres defensores (el rival juega con un esquema 1-3-4-3) cuando el equipo presiona en bloque alto.

Pérez (17) cede al central izquierdo (20) la línea de pase externa y Maddison (10), interior izquierdo, vigila al mediocentro izquierdo adversario (8) con la intención táctica de presionar al poseedor sobre la banda.

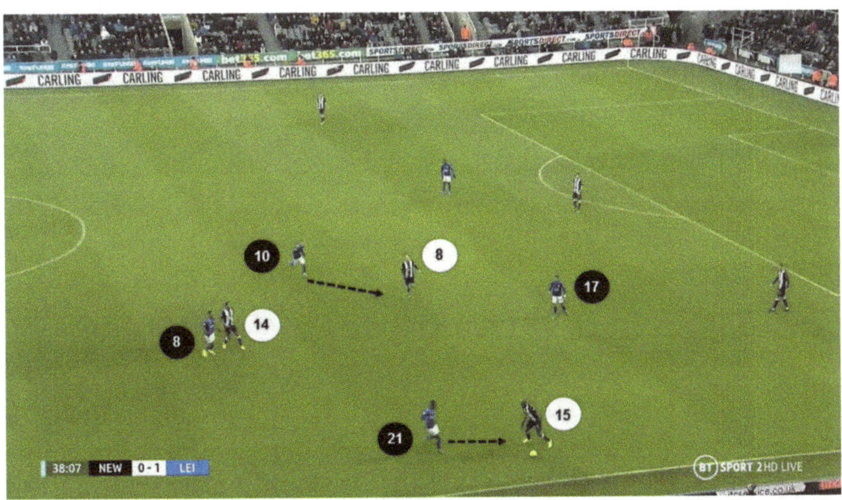

El lateral derecho, Pereira (21), es quien acosa al lateral izquierdo oponente (15), buscando interceptar su pase. Tielemans (8), interior derecho, se suma a la presión alta, vigilando al mediocentro derecho contrario (14). Leicester ya se encuentra en igualdad numérica en la zona donde busca recuperar el balón.

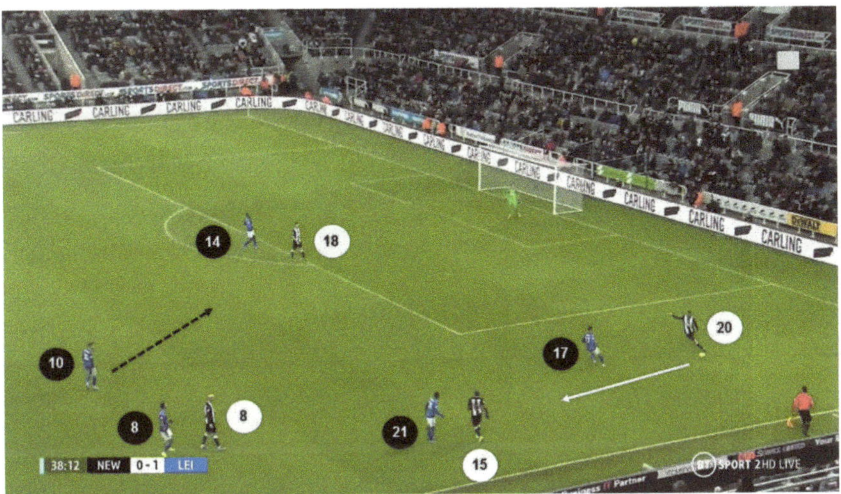

Con el balón regresando al defensor central rival (20), los

jugadores de Rodgers ya están ubicados, tanto para recuperar la posesión como para iniciar la transición defensa–ataque. Con Pérez (17) tapando la línea de pase y con Pereira (21) vigilando al lateral izquierdo adversario (15), se destaca una modificación en la presión: Tielemans (8) pasó a marcar al interior izquierdo oponente (8) y Maddison (10) quedó como hombre libre ante la posible recuperación del balón.

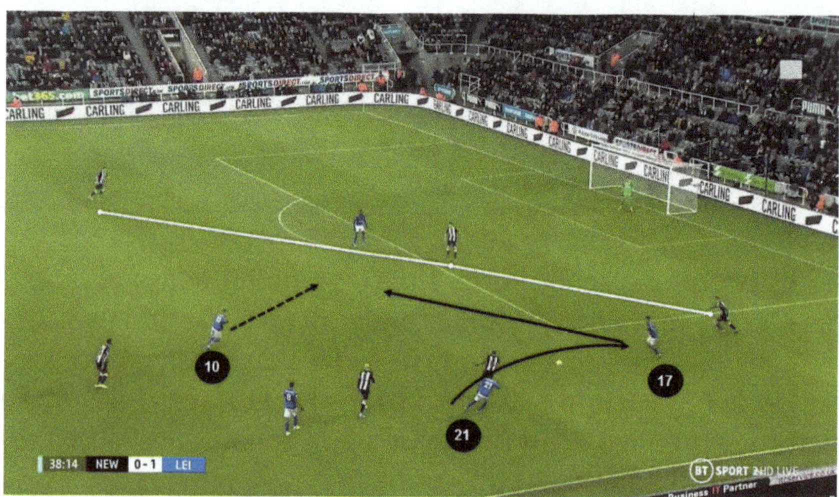

El balón es interceptado por Pereira (21) y Pérez (17) juega a un toque con Maddison (10), quien se adelanta unos metros aprovechando el espacio dejado por el contrario que quedó mal parado ante la pérdida en la salida.

El juego está compuesto, básicamente, por cuatro momentos: 1) momento con balón; 2) momento sin balón; 3) transición defensa–ataque; y 4) transición ataque–defensa. Estas fases del juego, lejos de ser compartimentos estancos, están asociadas entre sí y los jugadores son los que buscarán unir esas fases, comprendiendo el rol funcional que van ocupando en el desarrollo del juego. Esas conductas (subfases), como adelantarse unos metros frente a una posible recuperación o retrasarse ante una posible pérdida, son las que le permitirán al equipo poder transitar de una fase a otra de una forma fluida.

SITUACIÓN 3: presión en bloque medio - inducir al juego por dentro

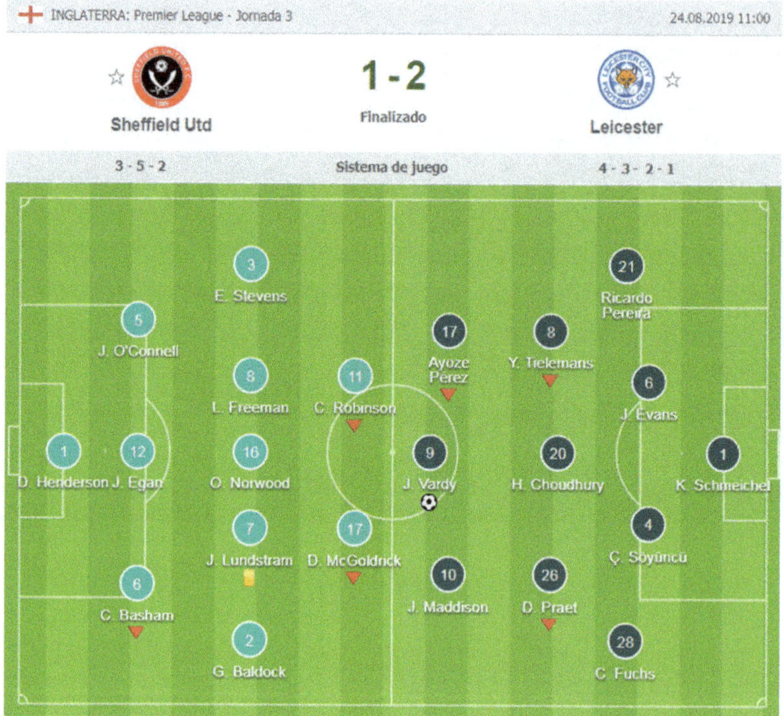

ANÁLISIS DE LA SITUACIÓN

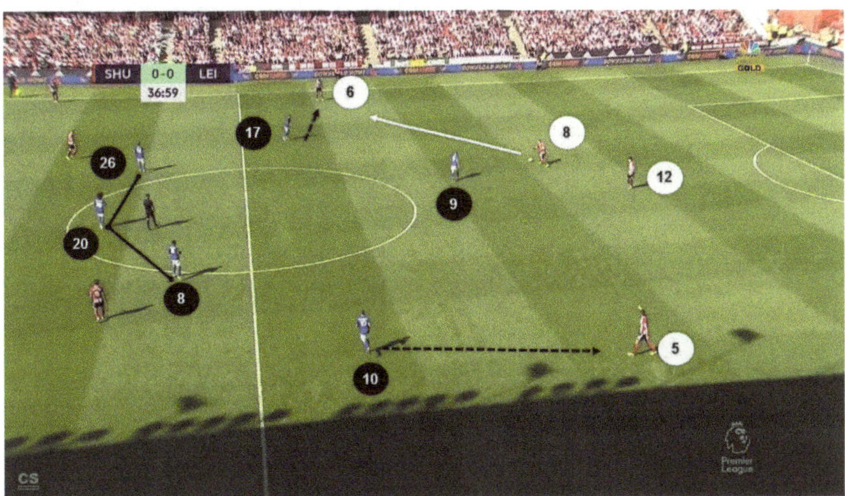

Rodgers modifica el esquema para enfrentar a un rival (con un esquema 1-3-5-2) que suele sorprender con las proyecciones de sus defensores centrales. Leicester cambia su 1-4-1-4-1 a un 1-4-3-2-1, con Pérez (17) y Maddison (10) en el rol de enlaces, teniendo de referencia en la marca a los centrales derecho (6) e izquierdo (5), respectivamente. La estrategia es bloquear esas posibles proyecciones y obligarlos a jugar por el centro.

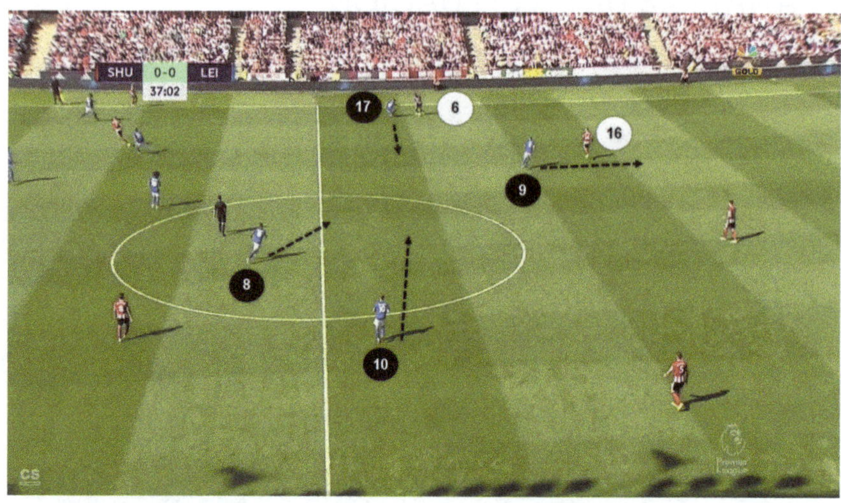

Pérez (17), enlace izquierdo, impide que el central derecho adversario (6) juegue por fuera y lo induce a conducir hacia dentro. Tielemans (8, interior derecho) y Maddison (10, enlace derecho) detectan el movimiento oponente y reducen espacios en la zona media. El delantero centro, Vardy (9), vigila al mediocentro (16), quitándole una opción de pase al poseedor.

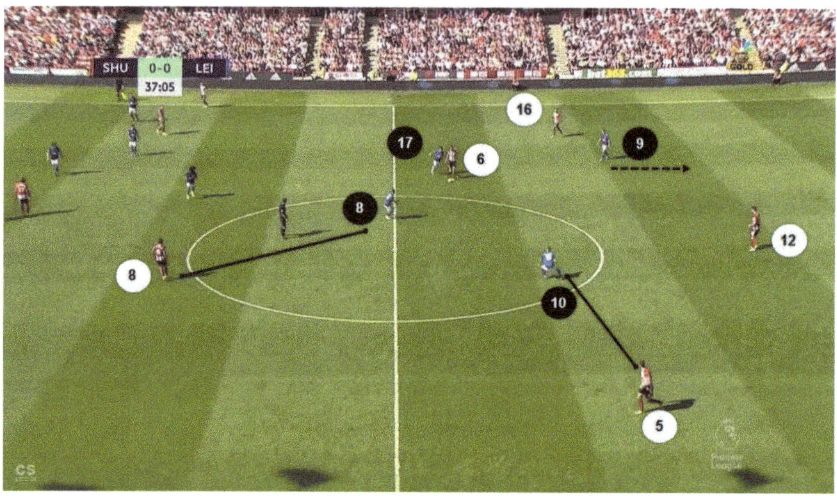

El trabajo colectivo de Leicester genera las condiciones tanto para la recuperación del balón como para iniciar la transición defensa–ataque. Tielemans (8) y Maddison (10) le obstruyen las líneas de pase al poseedor (6), mientras que Pérez (17) intercepta el balón. Vardy (9) ya se encuentra ubicado para ofrecerse como receptor libre.

SITUACIÓN 4: presión en bloque bajo - balón cubierto/descubierto

ANÁLISIS DE LA SITUACIÓN

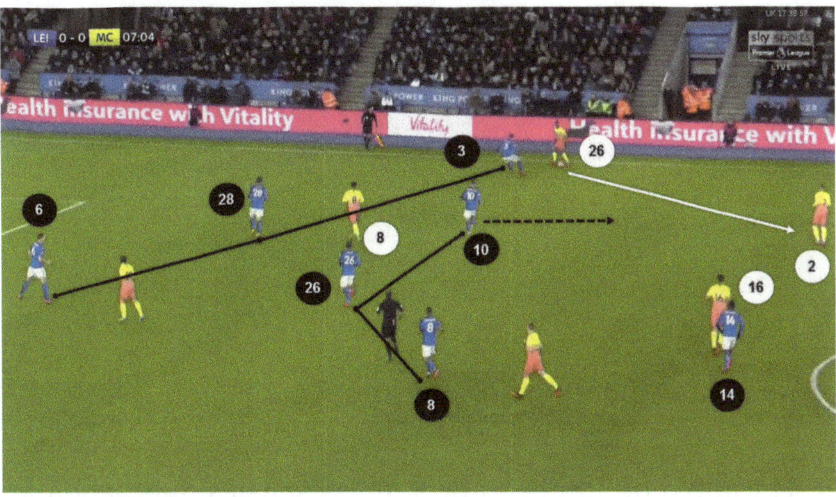

Rodgers modifica el esquema para enfrentar a un rival que ataca muy bien el intervalo entre central y lateral, ese lugar “indefendible” que menciona Guardiola. Leicester pasa del 1-4-1-4-1 a un 1-3-5-2. El central izquierdo, Christian Fuchs (28), es quien cubre ese pasillo que hay entre el defensor central Evans (6) y el lateral izquierdo Chilwell (3).

El pase atrás del extremo derecho adversario (26), hacia el lateral (2), es el incentivo que tiene el interior izquierdo, Madisson (10), para comenzar con el acoso.

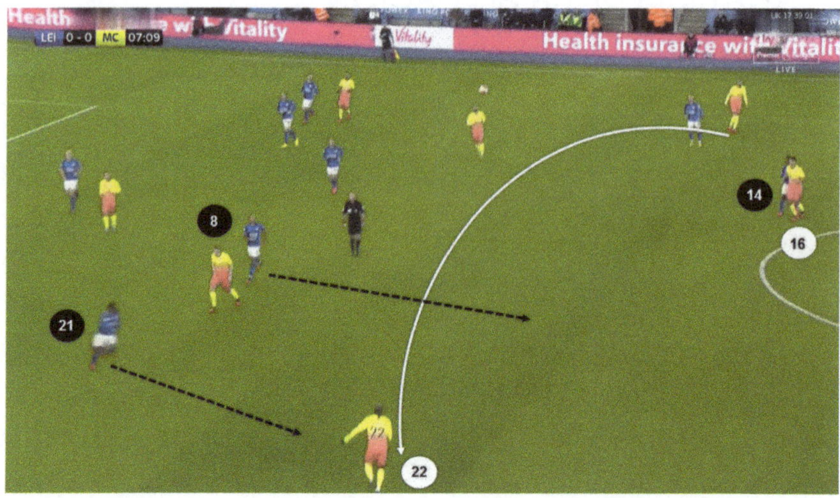

El cambio de frente es otra de las señales que tienen los jugadores para reducirle espacios al rival. El lateral derecho, Pereira (21), sale al acoso del lateral izquierdo oponente (22), que se ve obligado a jugar hacia atrás. Tanto el interior derecho, Tielemans (8), como el delantero centro, Iheanacho (14), reconocen que ese pase es una oportunidad para presionar y seguir achicando espacios hacia delante.

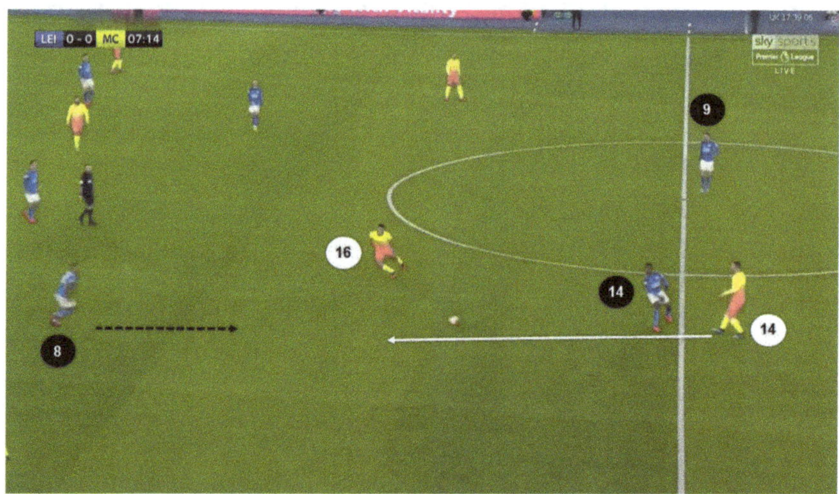

Iheanacho (14) bloquea la línea de pase del central izquierdo contrario (14) hacia el mediocentro (16); en ese momento, Tielemans (8) quien intercepta el pase y comienza con la transición defensa–ataque con el otro delantero centro, Vardy (9), que ya está ubicado para lanzar el desmarque.

El concepto táctico conocido como balón cubierto o balón descubierto, es una forma de organización colectiva para saber cuándo se deben achicar espacios hacia delante o no, respectivamente. Un jugador de espalda o sobre la banda, el tiempo que transcurre durante un pase hacia atrás o un envío aéreo, son indicios que los jugadores deberán saber interpretar como tales para poder reducir espacios de forma coordinada, quitándole tiempo y campo de acción al rival. Aquel equipo que comprenda ese tipo de señales que da el juego, tendrá mejor manejo de su bloque, más allá del lugar donde se posicione para recuperar el balón.

JAMIE VARDY: UN ZORRO EN EL ATAQUE DE LEICESTER

"Es muy bueno tácticamente. No es solo un delantero que marca goles y corre hacia adelante. Su habilidad para entender el juego, desde una perspectiva ofensiva, es muy buena".[ii]

Brendan Rodgers

SITUACIÓN 1: búsqueda de espacios – ubicación

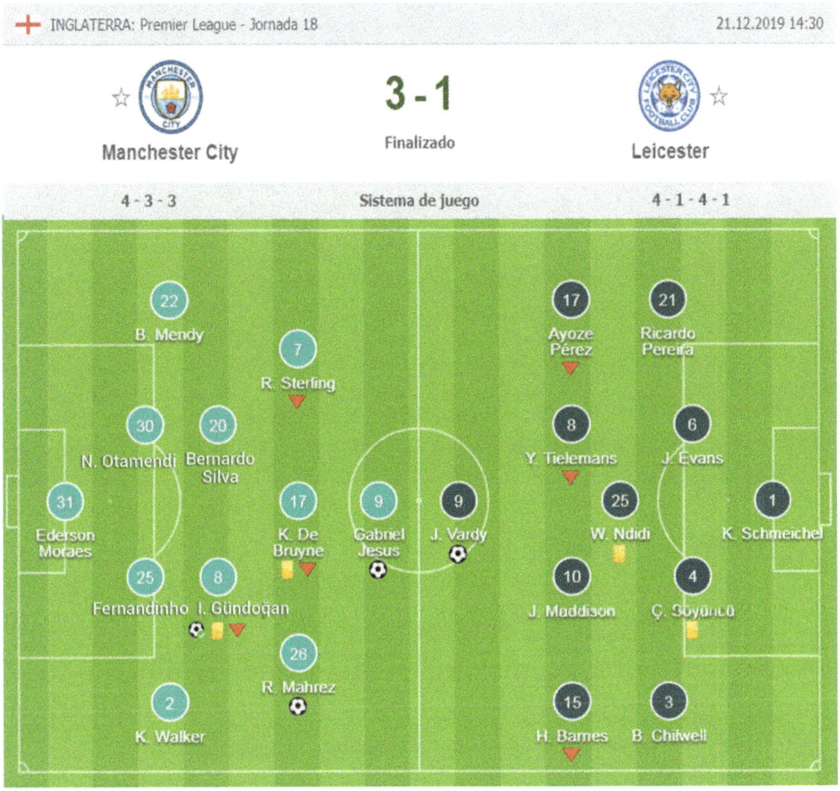

INGLATERRA: Premier League - Jornada 18 21.12.2019 14:30

Manchester City **3 - 1** Leicester

Finalizado

4 - 3 - 3 Sistema de juego 4 - 1 - 4 - 1

Manchester City: 31 Ederson Moraes; 22 B. Mendy, 30 N. Otamendi, 25 Fernandinho, 2 K. Walker; 20 Bernardo Silva, 8 I. Gündoğan; 7 R. Sterling, 17 K. De Bruyne, 9 Gabriel Jesus, 26 R. Mahrez

Leicester: 1 K. Schmeichel; 6 J. Evans, 4 Ç. Söyüncü, 21 Ricardo Pereira, 3 B. Chilwell; 25 W. Ndidi; 17 Ayoze Pérez, 8 Y. Tielemans, 10 J. Maddison, 15 H. Barnes; 9 J. Vardy

ANÁLISIS DE LA SITUACIÓN

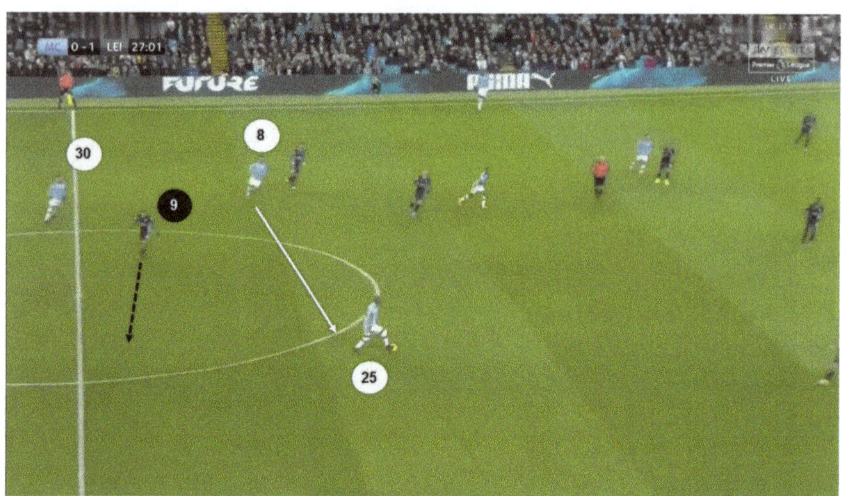

Cuando Leicester se posiciona en bloque bajo para defender, el delantero centro Vardy (9) acostumbra a colocarse entre los intervalos de los defensores rivales, por lo general en el conformado por los centrales. En esta jugada se ubica entre el central izquierdo (30) y el derecho (25), quien se adelanta en el campo de juego para conducir el ataque rival.

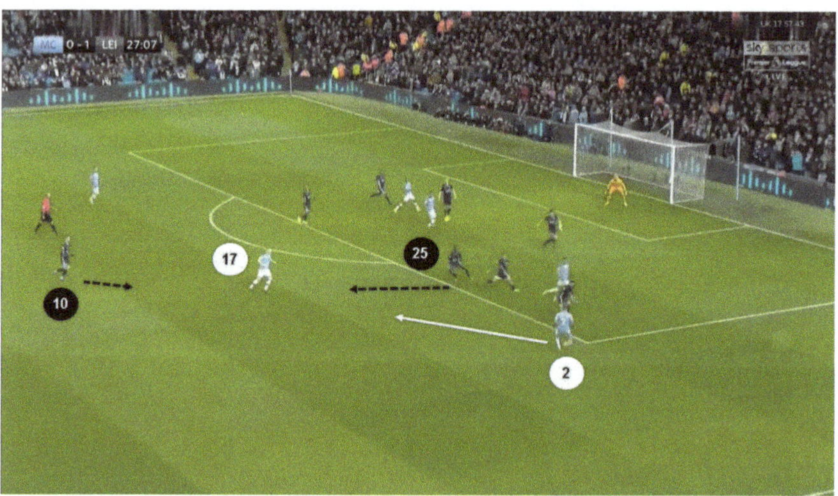

El mediocentro, Ndidi (25), detecta el pase del lateral adversario (2) y logra interceptarlo. Maddison (10), interior izquierdo, es quien se coloca como jugador libre para recibir el quite del mediocentro (25) e iniciar la transición defensa–ataque.

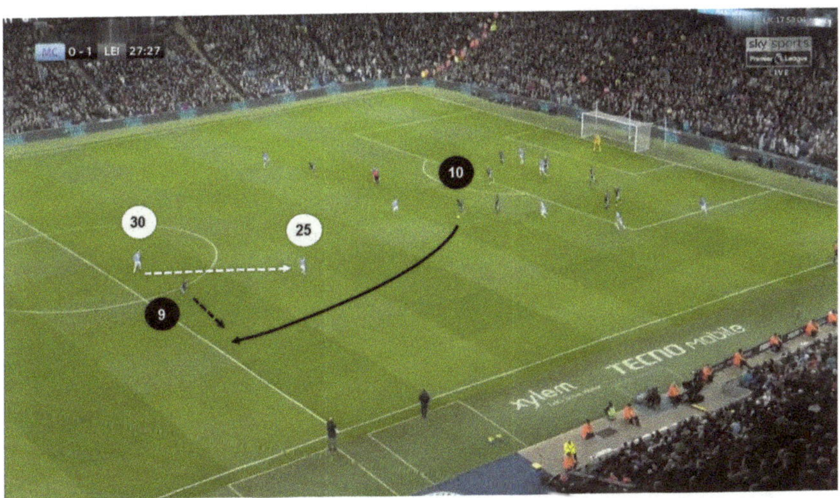

Maddison (10) lanza, automáticamente, un pase largo a la zona descubierta, sabiendo del tipo de desmarques que realiza Vardy (9): a espalda de los defensores para que el delantero centro juegue un 1 contra 1.

SITUACIÓN 2: desmarque de apoyo - carrera al espacio

ANÁLISIS DE LA SITUACIÓN

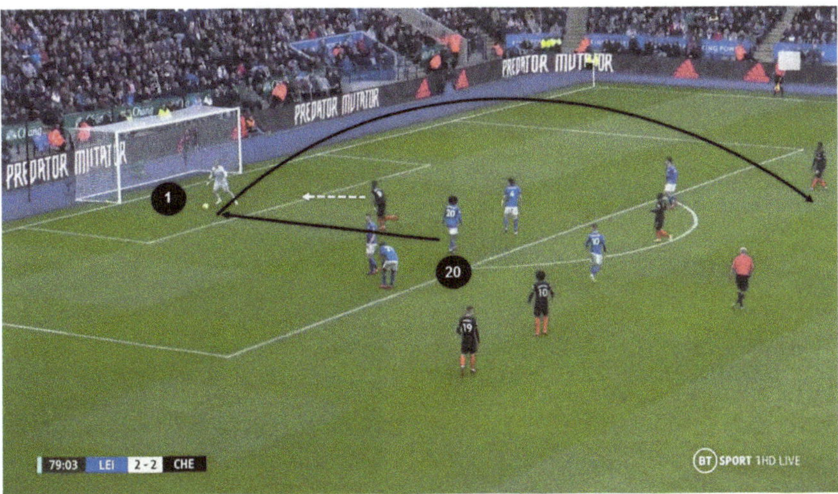

Leicester recupera el balón en bloque bajo y el mediocentro, Hamza Choudhury (20), da un pase de seguridad hacia el portero Schmeichel (1), quien lanza un pase largo buscando al delantero centro Vardy (9).

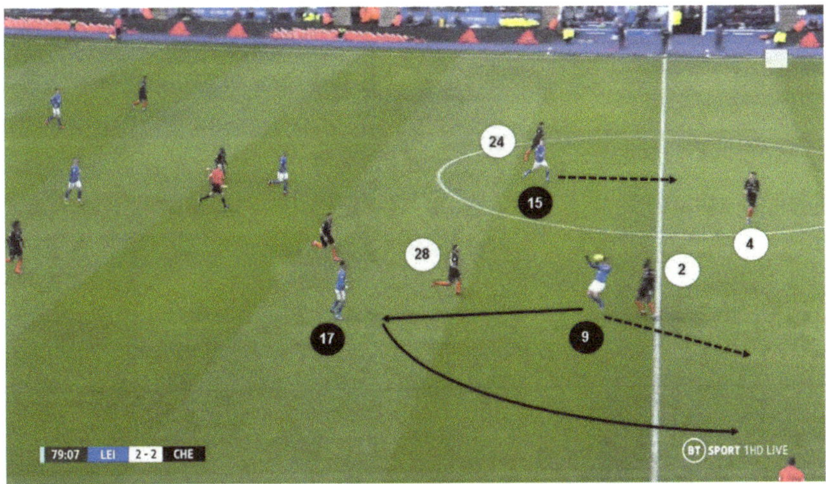

El pase de Schmeichel (1), al espacio, le da la oportunidad al delantero centro (9) de realizar un desmarque de apoyo. Vardy (9) descarga hacia el extremo derecho, Pérez (17), que

le devuelve el pase al detectar su carrera al espacio. El extremo izquierdo, Barnes (15), también comienza la carrera atacando por el centro.

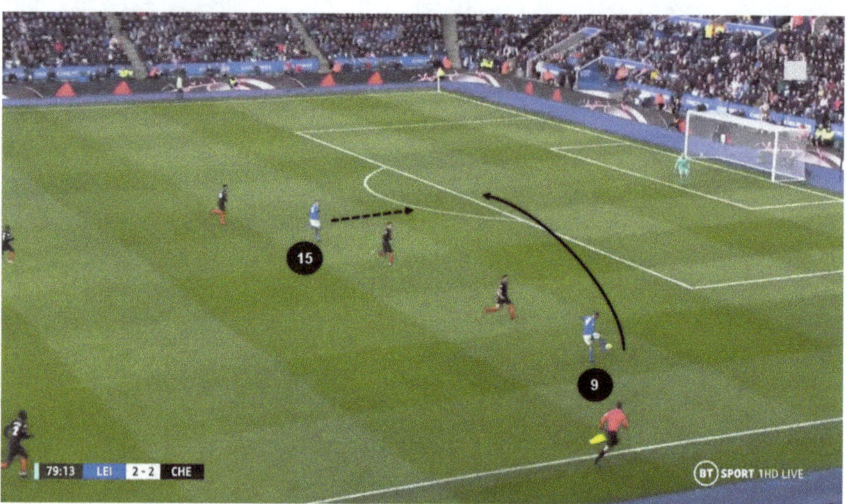

El espacio que deja Vardy (9) al salir a la banda es ocupado por el extremo opuesto, Barnes (15), que llega a zona de definición, quedando mano a mano con el portero rival.

CAPÍTULO 2

AJAX – ERIK TEN HAG

> *"Ajax significa ganar pero debemos hacerlo con el estilo adecuado, un estilo atractivo".*[iii]
>
> **Erik Ten Hag**

INTRODUCCIÓN

Sistema de juego habitual: utilizado el 65% de los partidos.

1-4-3-3

PROGRESIÓN DESDE LA ZONA DE INICIO

SITUACIÓN 1: salida "lavolpiana" - superioridad - líneas de pase

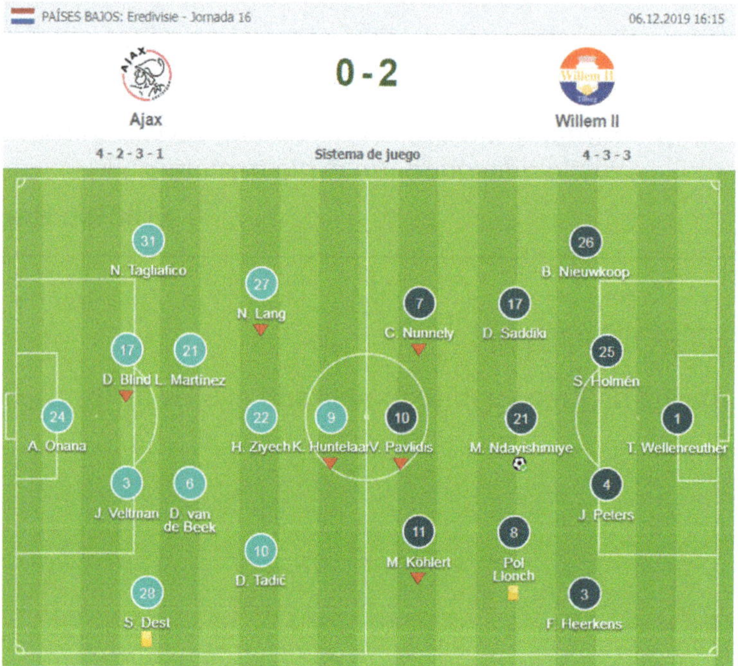

ANÁLISIS DE LA SITUACIÓN

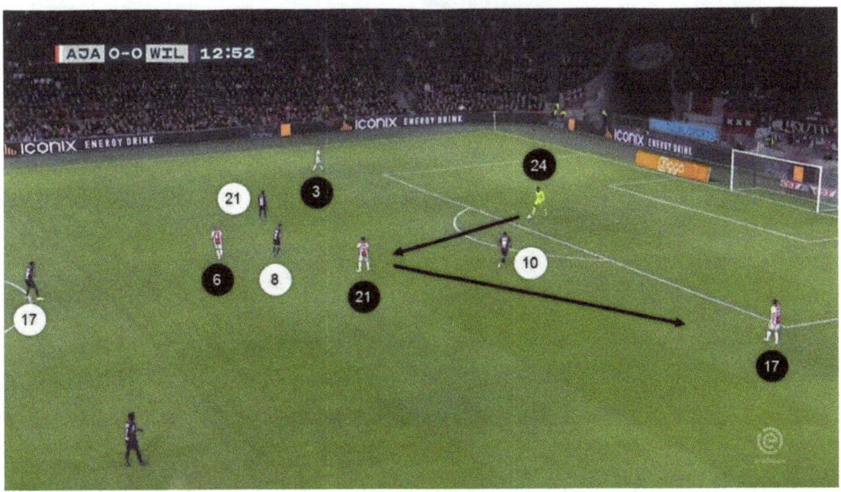

Ajax realiza la "salida lavolpiana" para generar superioridad numérica en la salida (5 contra 3). Lisandro Martínez (21), uno de los dos mediocentros, se inserta entre los centrales, Joel Veltman (3) y Daley Blind (17), para ser opción de pase para el portero André Onana (24).

El rival marca en posiciones intermedias. El interior izquierdo adversario (8) vigila tanto a Lisandro Martínez (21) como al otro mediocentro, Donny van de Beek (6).

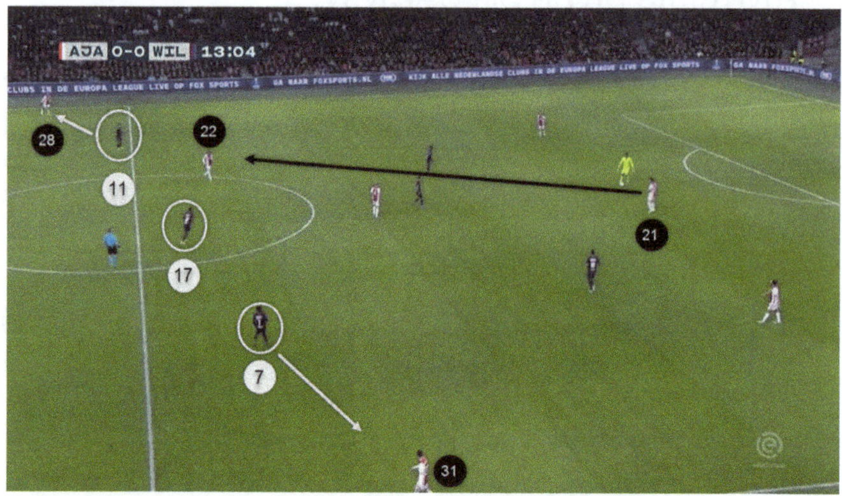

Este tipo de salida permite darle altura a los laterales Nicolás Tagliafico (31) y Sergio Dest (28), quienes son vigilados por los extremos oponentes (7) y (11), respectivamente. Ellos serán opciones de pase cuando el equipo avance.

Por otro lado, el interior derecho contrario (17) protege la zona central del mediocampo y su referencia en la marca, el enlace Hakim Ziyech (22), se aleja, colocándose a su costado y se perfila tanto para establecer una línea de pase como para recibir de forma correcta.

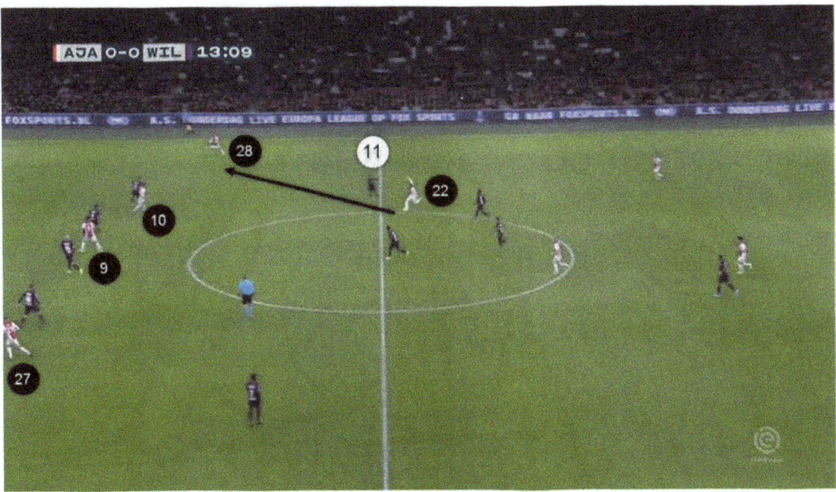

Cuando Ziyech (22) recibe, quien salta a su acoso es el extremo izquierdo (11) que libera a Dest (28). Un buen control le posibilita al enlace (22) ponerse, rápidamente, de frente al ataque y soltar el pase al lateral derecho (28).

De esta manera, el ataque queda en igualdad numérica (4 contra 4) porque Noa Lang (27, extremo izquierdo), Klaas-Jan Huntelaar (9, delantero centro) y Dušan Tadić (10, extremo derecho) son marcados por la última línea rival, compuesta por cuatro defensores.

La "salida lavolpiana" es un concepto utilizado para crear superioridad numérica desde la zona de inicio y así lograr confrontar la presión que realiza el rival a los centrales (dos delanteros centro, o delantero centro y enlace, contra los centrales). Insertando a un mediocampista entre los centrales (que al estar abiertos sacan del centro a sus marcas, generando espacios para posibles receptores) se consigue superioridad (3 contra 2); mientras que los laterales se posicionan en una segunda o tercera línea de construcción para guardar distancias de relación tanto con los centrales como con los extremos, que suelen colocarse por dentro. De esta forma, la ventaja que se logra en la salida irá produciendo otras a medida que se vaya progresando, como un efecto "cascada", y dará la posibilidad de ir encontrando al jugador libre, tanto en la zona de inicio como en la de elaboración y definición.

SITUACIÓN 2: salida por fuera - lateral en primera línea de construcción

ANÁLISIS DE LA SITUACIÓN

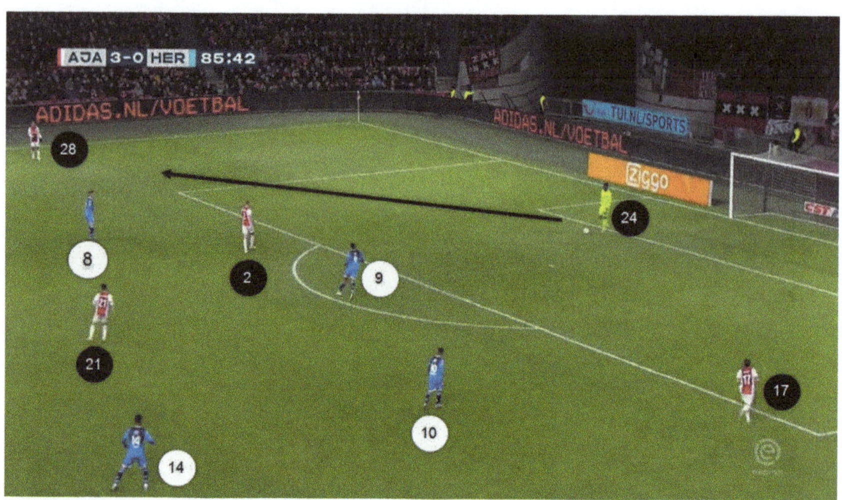

El equipo de ten Hag busca atraer al rival, que se establece en posiciones intermedias, para iniciar el acoso. El portero Onana (24) juega con el lateral derecho Dest (28, ingresado en el segundo tiempo), que se encuentra en una primera línea de construcción para que salte a su acoso el extremo izquierdo rival (8), quien vigila tanto al central derecho Perr Schuurs (2) como al lateral derecho (28).

Así se busca generar espacios a espaldas del adversario (8) y que los oponentes vayan saltando a presionar hasta encontrar el hombre libre.

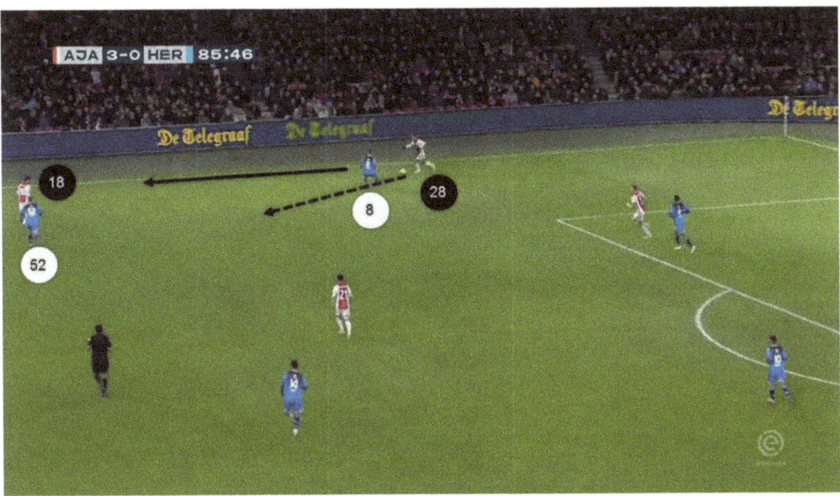

Dest (28) descarga por fuera con el mediocentro derecho del Ajax, Razvan Marin (18, ingresado en el segundo tiempo), y se proyecta por dentro buscando la devolución. Uno de los oponentes que conforma el doble pivote (52), salta a presionar al mediocampista.

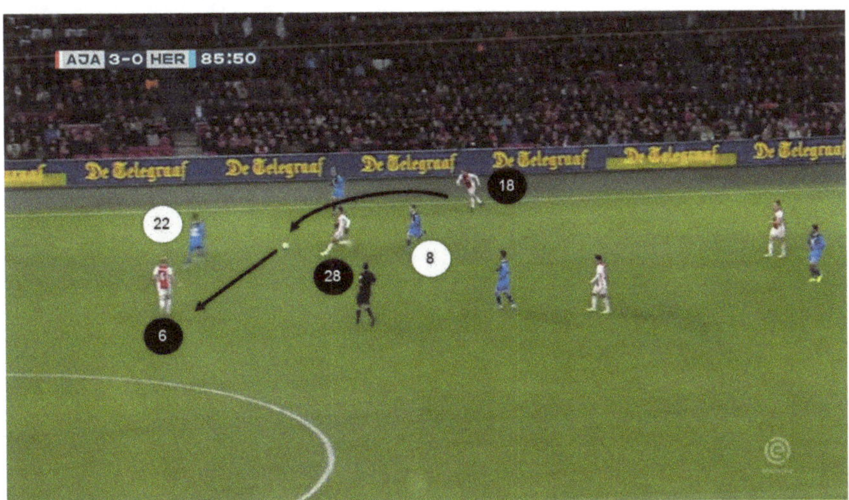

Marin (18) controla con un toque y con otro descarga a Dest (28), a quien le salta el otro mediocentro contrario (22). De esta manera, aparece el "hombre libre" del equipo de ten

Hag.

Van de Beek (6), ubicado de enlace tras los cambios, aprovecha la superioridad numérica que siempre existió en la salida y es quien se ofrece como apoyo para que el lateral derecho (28) encuentre pase y de esta forma pueda progresar en ataque.

ATAQUES: PROGRESIÓN Y FINALIZACIÓN

SITUACIÓN 1: ataque con participación de laterales - mover al rival

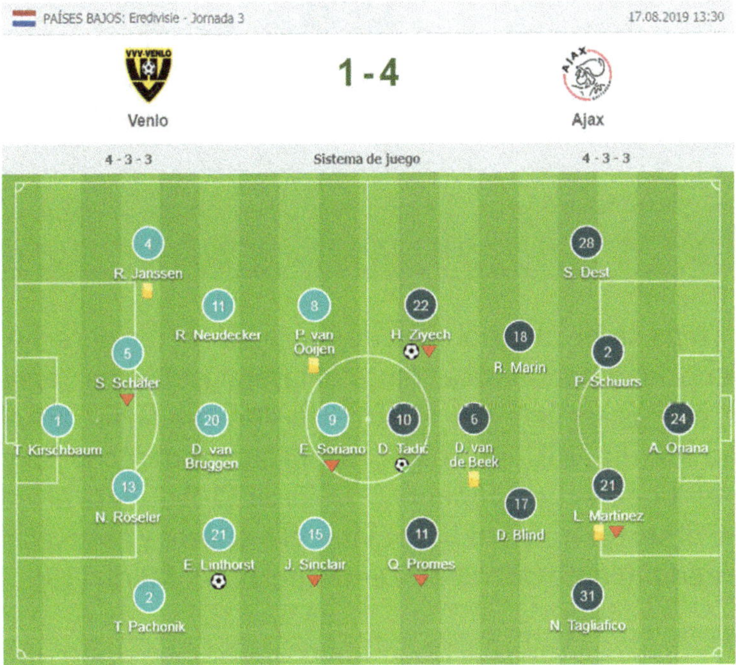

ANÁLISIS DE LA SITUACIÓN

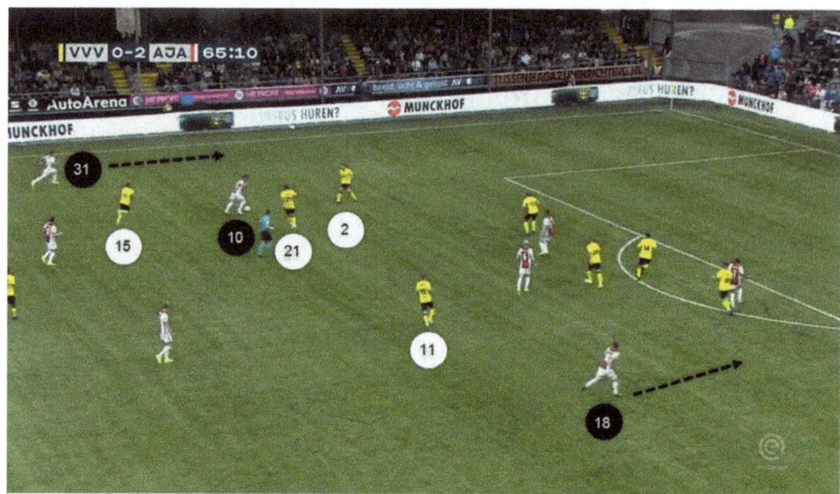

El rival se encuentra volcado hacia su sector derecho con superioridad para marcar tanto al lateral izquierdo Tagliafico (31), que es seguido por el extremo derecho adversario (15), como a Tadić (10), controlado por el lateral derecho (2) y por el interior derecho oponente (21). Tadić (10) orienta el ataque hacia el sector opuesto para evitar el encierro y aprovechar el desprendimiento del mediocentro derecho, Marin (18).

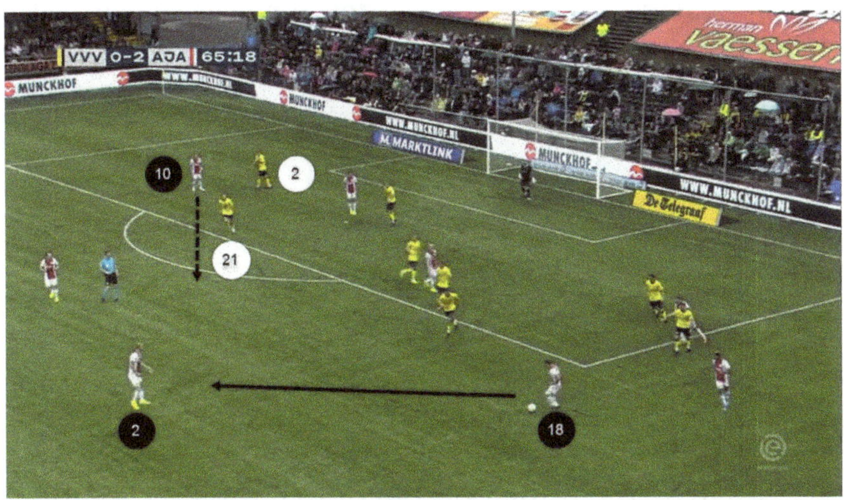

La basculación del rival genera que la marca (21), que inicialmente tenía Tadić (10), ubicado de extremo izquierdo tras los cambios, se aleje al acompañar el movimiento del equipo. Además, el extremo del Ajax (10) atrae y fija al lateral derecho adversario (2), liberando la zona opuesta.

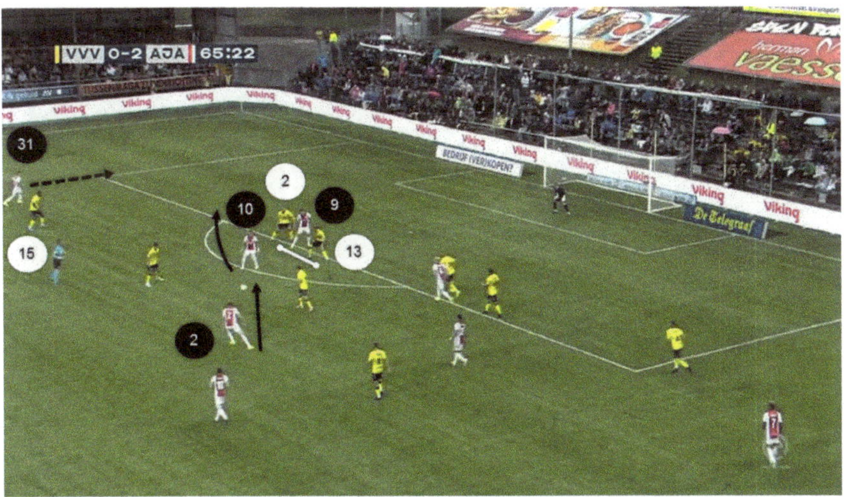

Tadić (10) termina recibiendo libre porque el lateral oponente (2) privilegia cerrar el intervalo con el central (13) ante la presencia, por el centro, de Huntelaar (9).

Por otro lado, Tagliafico (31) se desprende de su marca (15) y ataca el espacio generado por el movimiento del extremo del Ajax.

SITUACIÓN 2: ataque con participación de mediocampistas - uso del "tercer hombre" - fijaciones

ANÁLISIS DE LA SITUACIÓN

El equipo de ten Hag utiliza el concepto del “tercer hombre” para progresar en campo rival. El mediocentro derecho, Carel Eiting (8), conecta con el extremo derecho, Tadić (10), para encontrar libre a van de Beek (6), el enlace, quien está posicionado entre líneas y sin marcas.

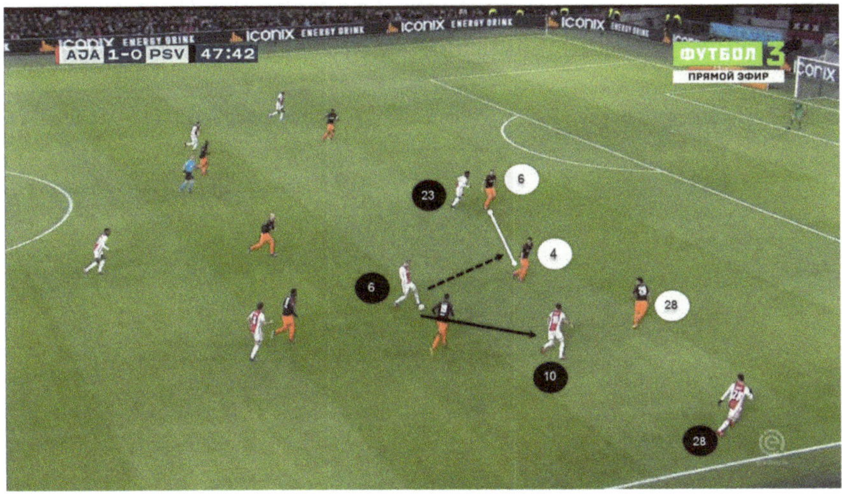

Van de Beek (6), una vez que recibe, descarga hacia Tadić

(10) y ataca el intervalo conformado entre los centrales adversarios (4 y 6). El delantero centro, Lassina Traoré (23, ingresado en el segundo tiempo), está fijando al central opuesto a la jugada (6).

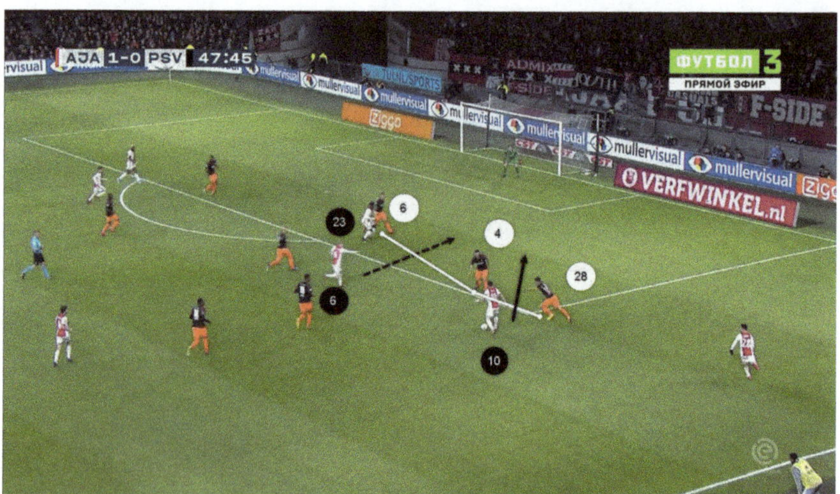

Tadić (10) termina fijando con la conducción hasta el vértice del área, tanto al lateral izquierdo (28) como al central izquierdo (4). A ese movimiento se le agrega la fijación previa que realizó Traoré (23) del central derecho (6). De esta forma, queda el espacio liberado para la proyección de van de Beek (6).

El "tercer hombre" es un concepto que se desarrolla para encontrar al hombre libre detrás de la línea de presión rival y así poder progresar en ataque. Frente a la imposibilidad de conectarse con el hombre libre (3º hombre), porque no existe línea de pase, el poseedor (1º hombre) conecta con un apoyo (2º hombre) que funcionará como "puente" para descargar el balón al jugador entre líneas, libre de marcas (3º hombre). Para que surja el circuito de pases (triangulación) es importante que los jugadores se posicionen a distintas alturas.

SITUACIÓN 3: ataque con participación de delanteros. Fijaciones. Amplitud.

ANÁLISIS DE LA SITUACIÓN

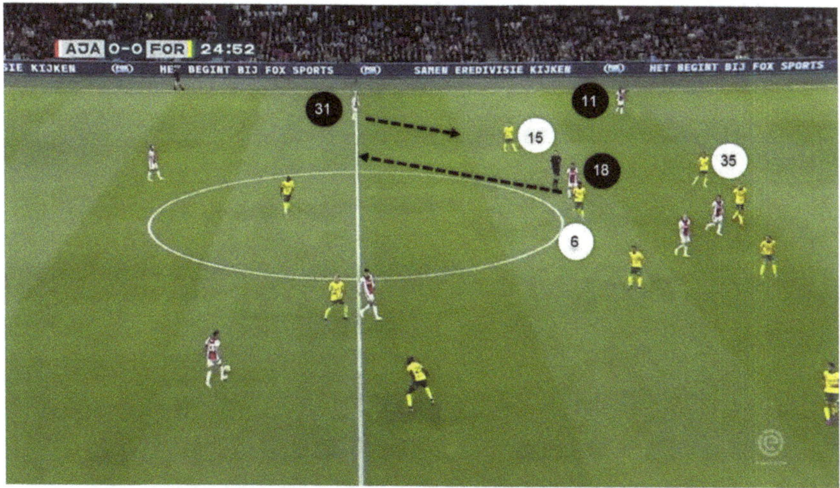

Al inicio del ataque se da una "permuta ofensiva" entre el lateral izquierdo Tagliafico (31), que se transforma en interior, y el mediocentro izquierdo Marin (18), que se transforma en lateral. El extremo izquierdo, Quincy Promes (11), se mantiene bien abierto sobre la banda, dando amplitud al ataque del Ajax.

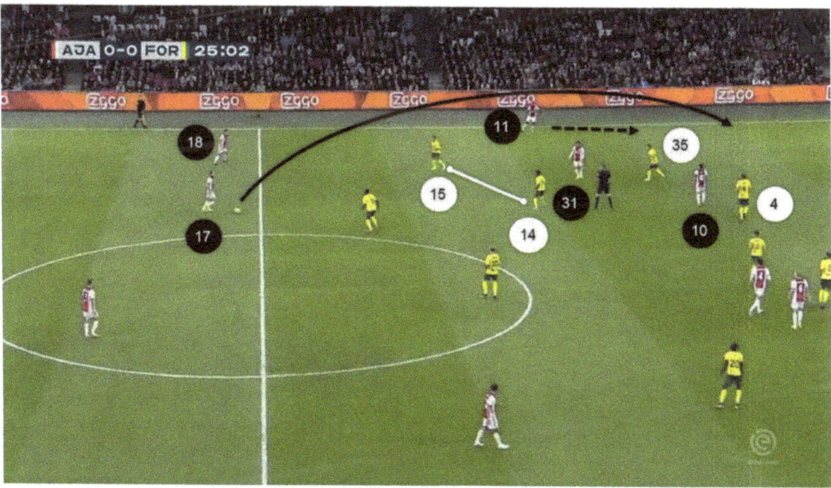

Tagliafico (31) se posiciona entre el intervalo de mediocampistas (15 y 14) para establecer una línea de pase, pero también para fijar al lateral derecho rival (35) y de esa forma liberar a Promes (11), que ataca el espacio.

También es importante analizar cómo el delantero centro, Tadić (10), fija al central derecho (4), evitando que el defensor pueda realizar una cobertura al lateral (35) frente al lanzamiento del central izquierdo Blind (17).

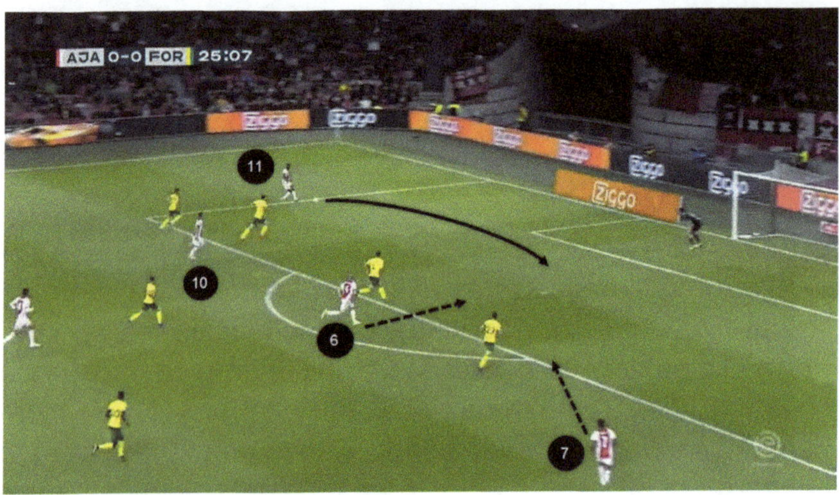

En la finalización de la jugada se aprecia que el espacio dejado por Tadić (10) es ocupado por el enlace, van de Beek (6), y que David Neres (7), el extremo opuesto a la jugada, se cierra y llega también a posición de definición.

Se suele asociar el concepto de "permuta" a la fase defensiva de un equipo sin posesión del balón, donde un compañero reemplaza momentáneamente la posición de otro, pero también se puede aplicar al momento que el equipo tiene el balón. El intercambio de posiciones entre dos o tres compañeros en los ataques posicionales sirve para desorientar las marcas del rival y evitar el estatismo frente a defensas replegadas. Es indudable la influencia de Guardiola en Erik ten Hag. Ambos coincidieron en el FC Bayern Munich, el español como entrenador del primer equipo y el neerlandés del conjunto filial. Las permutas ofensivas fueron una de las variantes que ofreció el equipo teutón en el juego de posición bajo el mando de Pep.

ORGANIZACIÓN DEFENSIVA

SITUACIÓN 1: presión tras pérdida -prepararse para la recuperación

ANÁLISIS DE LA SITUACIÓN

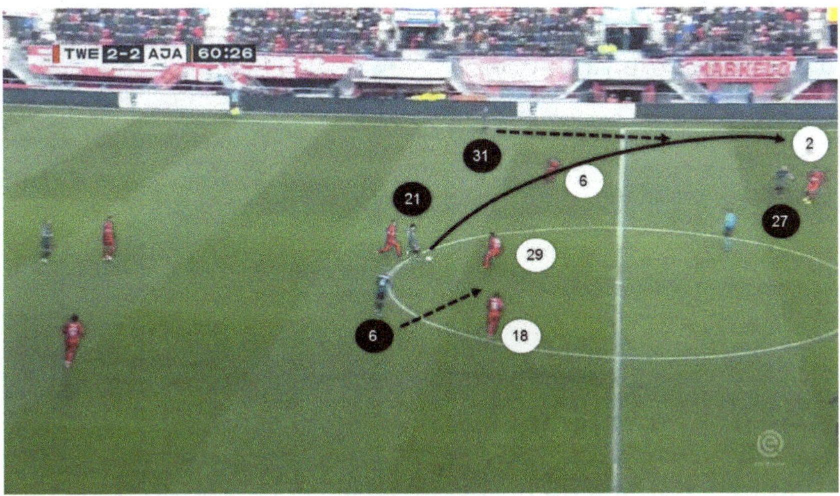

El mediocentro izquierdo, Martínez (21), busca con un envío largo que el extremo izquierdo, Lang (27), le gane la espalda al lateral derecho rival (2). Los jugadores del Ajax acompañan la jugada y se preparan ante una posible pérdida del balón. El lateral izquierdo, Tagliafico (31), y el mediocentro derecho, van de Beek (6), se dirigen hacia la zona donde se podría disputar la posesión.

Ante la pérdida de posesión, se inicia la presión. Tagliafico (31) y Ziyech (22), enlace del equipo, acosan al adversario (29) y le bloquean las líneas de pase. El delantero centro, Huntelaar (9), retrocede para evitar la superioridad numérica del rival en la zona.

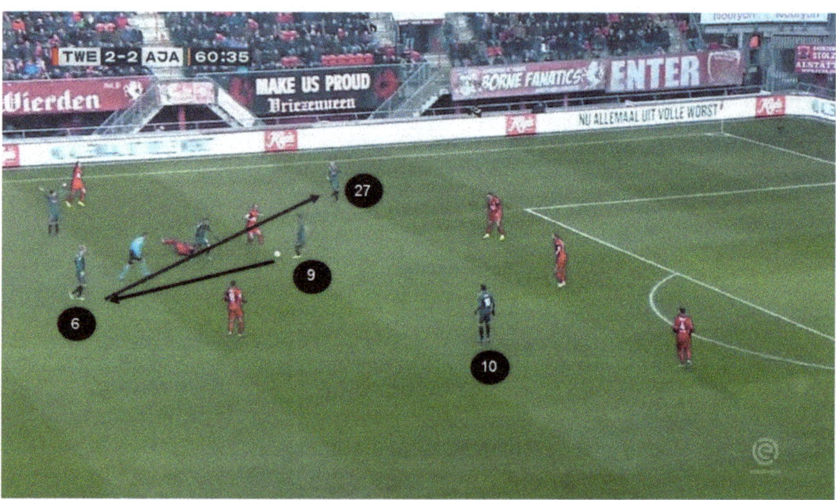

Ziyech (10) logra quitar el balón y es Huntelaar (9) quien descarga hacia van de Beek (6). Ese pase de seguridad que da el delantero es el que permite iniciar la transición defensa–

ataque. Lang (27) ya se encuentra libre para recibir y atacar por la banda izquierda.

SITUACIÓN 2: presión en bloque alto - orientar y anticipar

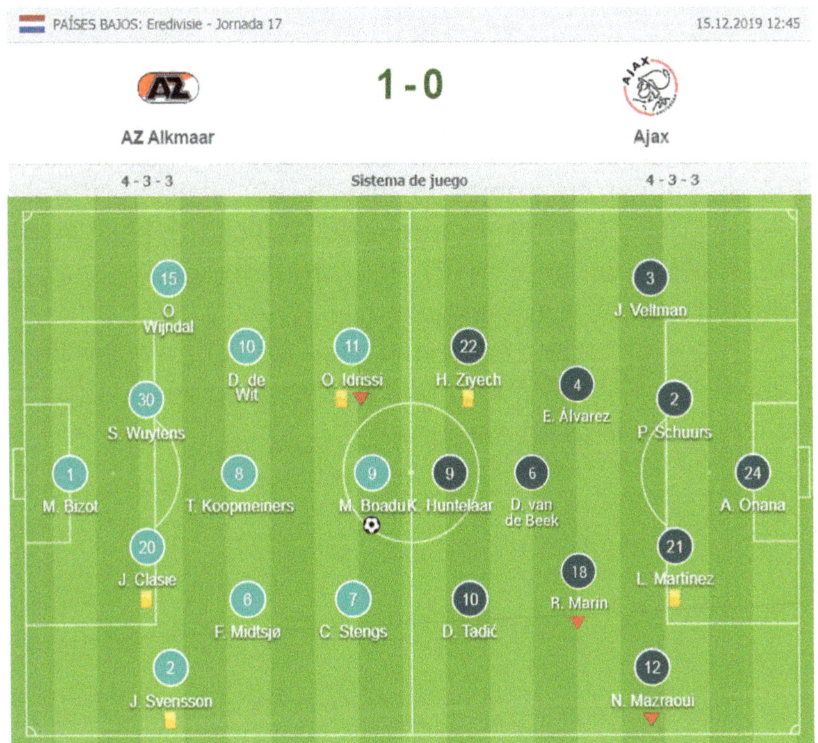

ANÁLISIS DE LA SITUACIÓN

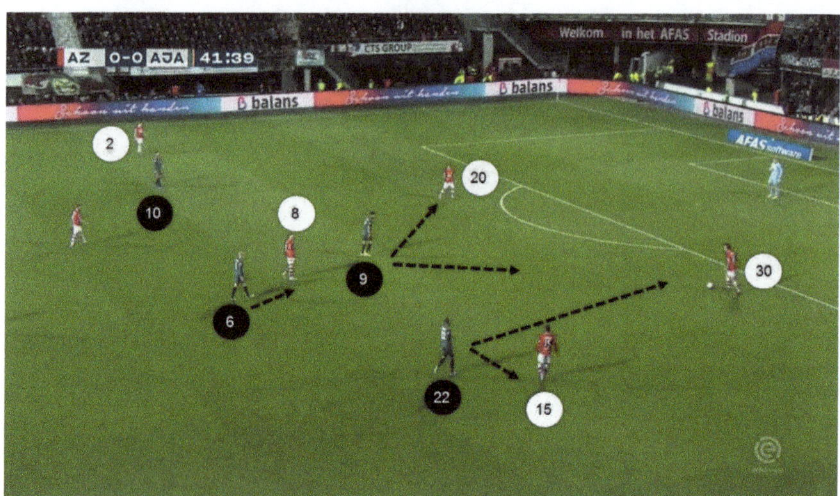

Cada jugador del Ajax tiene su referencia de marca cuando el rival se dispone a salir jugando. El delantero centro, Huntelaar (9), se coloca en posición intermedia entre los centrales (20 y 30); el extremo derecho, Ziyech (22), vigila al lateral izquierdo (15); y el extremo izquierdo, Tadić (10), hace lo mismo con el lateral derecho (2). Por otro lado, van de Beek (6), como enlace, toma al mediocentro oponente (8).

La intención táctica es bloquearle a los centrales las líneas de pase por afuera e inducirlos a que jueguen por dentro para reducirles espacios en esa zona.

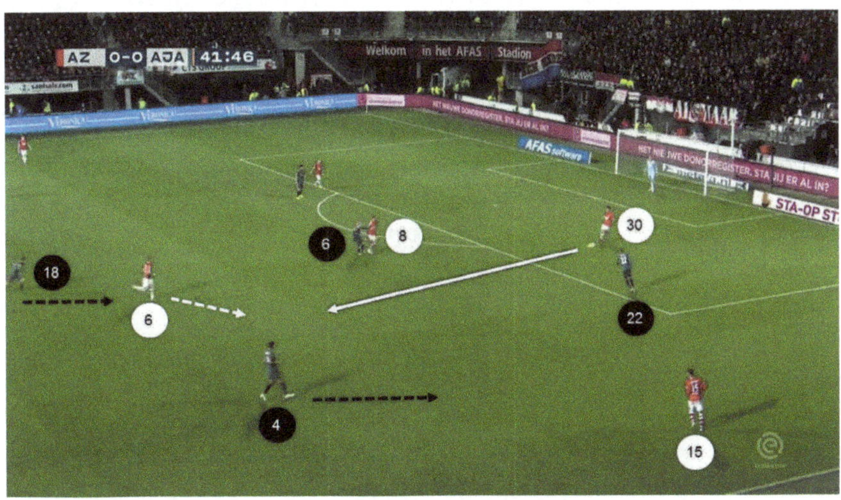

Ziyech (22) salta a acosar al central contrario (30), bloqueando la línea de pase al lateral (15), y lo obliga a jugar hacia el interior derecho (6), quien es acosado por el mediocentro izquierdo Marin (18). Mientras tanto, el mediocentro derecho, Edson Álvarez (4), vigila al lateral izquierdo (15) para que una posible triangulación no termine por encontrarlo como receptor libre.

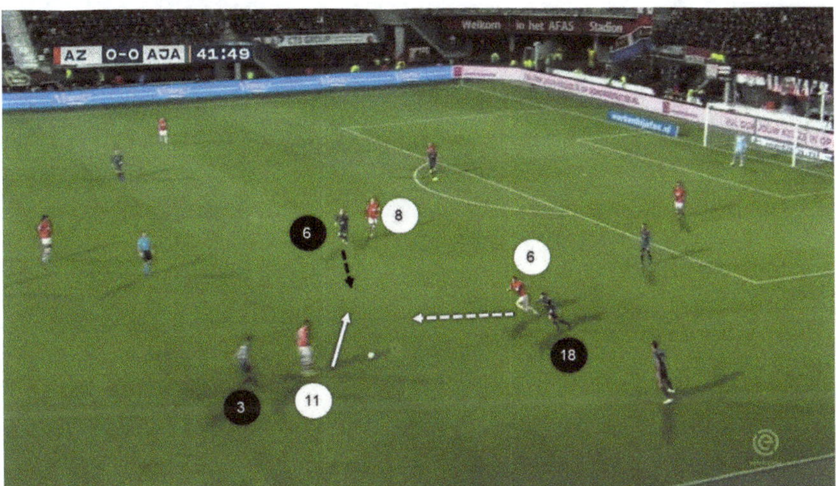

El interior derecho rival (6), ante el acoso de Marin (18), juega con el extremo izquierdo (11), quien también es acosado por el lateral derecho Joel Veltman (3). La devolución del extremo queda larga y el balón es recuperado por van de Beek (6).

En la presión realizada por un equipo se pueden detectar distintas intenciones por parte de cada línea de presión. Los jugadores de la primera línea, en general, buscan ejercer un acoso sobre el rival con el objetivo de orientarlo hacia el lugar donde se quiere recuperar el balón o simplemente para que el oponente cometa un error. La segunda o tercera línea de ese bloque no solo tratará de achicar espacios, además tendrá la intención de anticipar y hacerse del balón o simplemente cortar con la progresión del rival.

SITUACIÓN 3: presión en bloque medio – orientar – superioridad en la zona

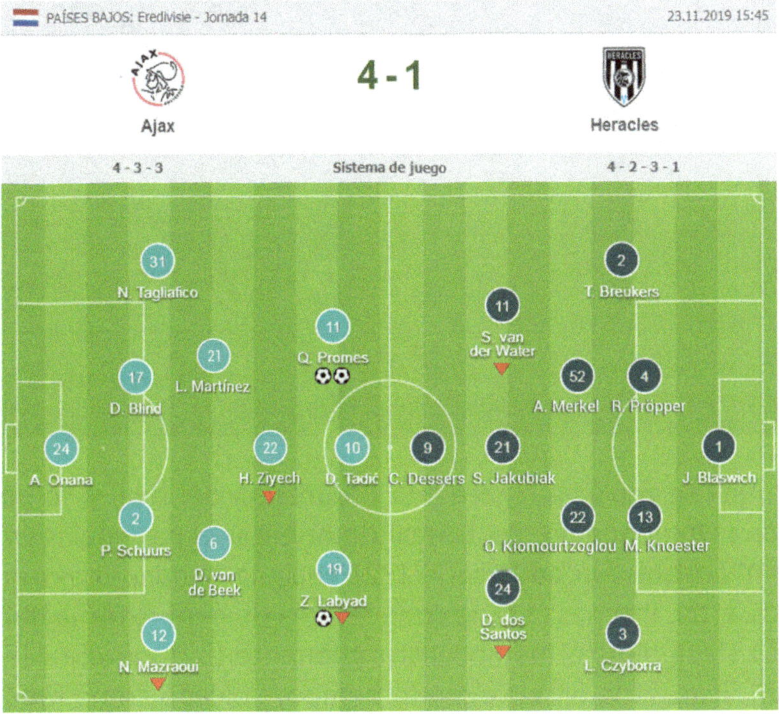

ANÁLISIS DE LA SITUACIÓN

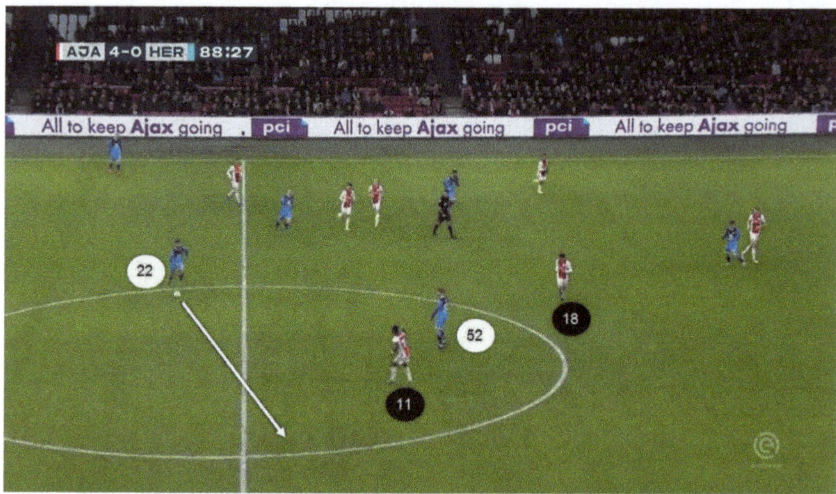

Ajax se repliega frente a la progresión del rival y se posiciona en bloque medio, buscando orientar el pase del mediocentro izquierdo adversario (22) hacia la banda. El extremo izquierdo, Promes (11), le cede la línea de pase externa mientras vigila al otro mediocentro oponente (52) junto a Marin (18), ingresado en el segundo tiempo, ubicado como mediocentro izquierdo.

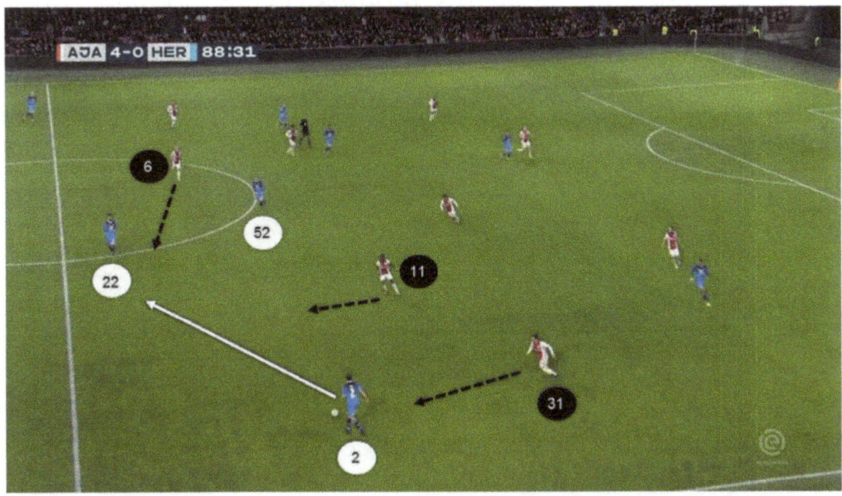

El equipo de ten Hag inicia la presión una vez que el balón está en la banda. El lateral izquierdo, Tagliafico (31), comienza el acoso sobre el lateral derecho rival (2), obligándolo a retroceder y a devolver el balón al mediocentro (22), que ahora está siendo presionado por Promes (11) y van de Beek (6).

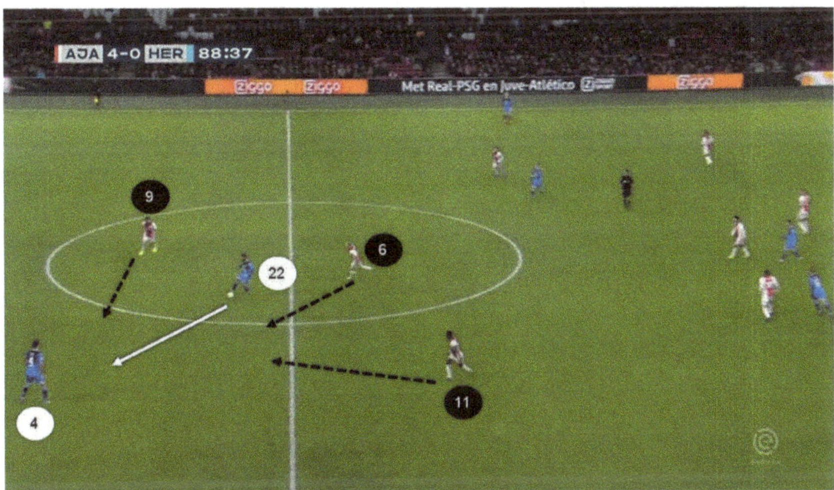

Ajax logra encerrar al rival acosando al poseedor (22), que se ve forzado a jugar con el central derecho (4) porque Hun-

telaar (9, delantero centro) y Promes (11) le bloquean otras líneas de pase. De esta forma hay una superioridad numérica (3 contra 2) y posicional (jugadores mejor ubicados en comparación con el rival).

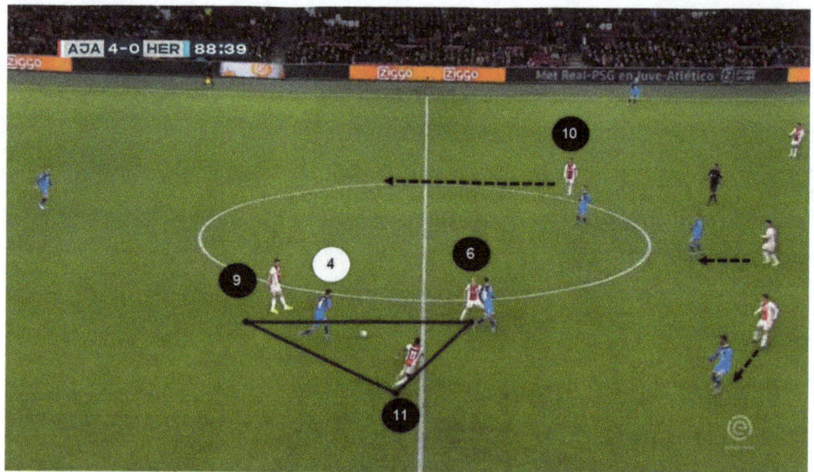

El conjunto de ten Hag aprovechó el pase atrás para reducir espacios hacia adelante, encerrar al defensor (4) y recuperar el balón en una zona que le es ventajosa porque tiene superioridad para realizar una efectiva transición defensa–ataque. Tadić (10), ubicado de extremo derecho tras los cambios y que había acompañado la basculación del equipo, ahora pasa a atacar la zona débil del rival, ahora pasa a atacar la zona débil del rival.

SITUACIÓN 4: presión en bloque bajo - reducir espacios - presionar

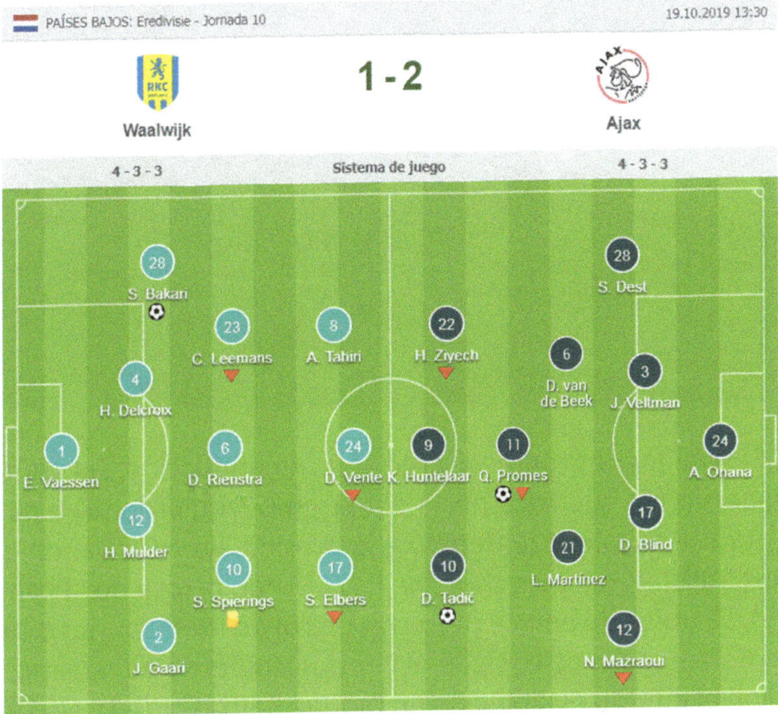

ANÁLISIS DE LA SITUACIÓN

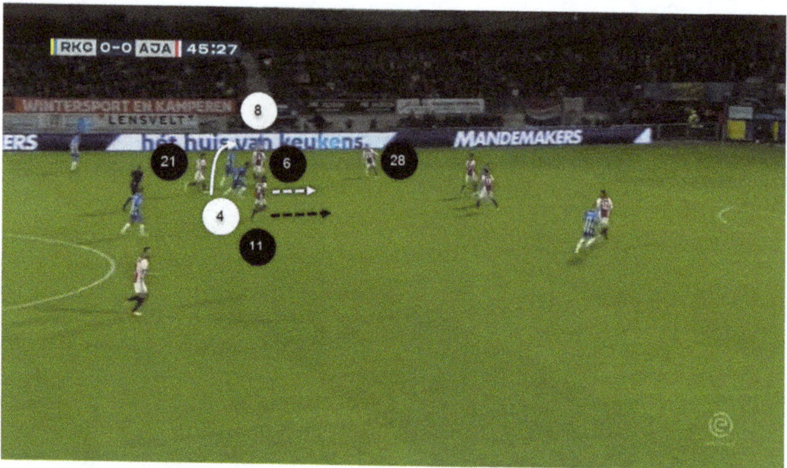

El rival logra progresar gracias a la conducción del central izquierdo (4) que toca hacia el extremo izquierdo (8) y pasa. El ataque se ralentiza debido a la presión sobre la banda que ejerce el lateral derecho, Dest (28). Por otro lado, Promes (11), se ubica de enlace pero con un rol de mediapunta detrás del delantero centro, sigue al central izquierdo adversario (4) y, con el equipo establecido en bloque bajo (1-4-5-1), se cubre la zona central.

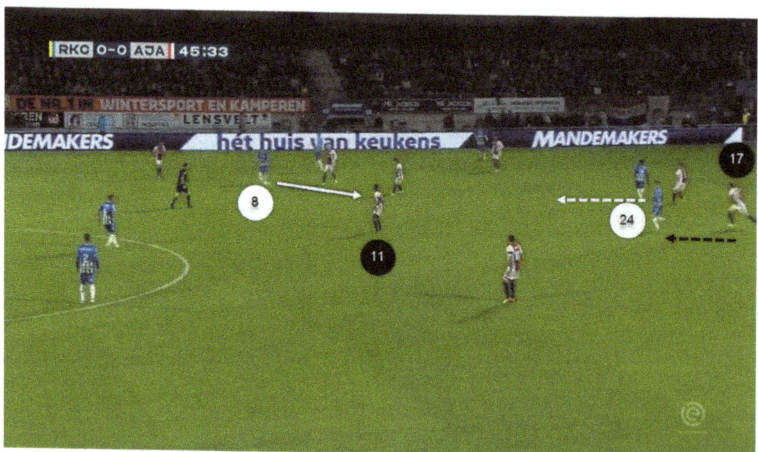

El extremo izquierdo contrario (8), imposibilitado de jugar por la banda, conduce hacia dentro y ante un posible pase hacia el delantero centro (24), que busca ser apoyo, el central izquierdo Blind (17) lo presiona. Promes (11) está ubicado y preparado para encerrar al rival.

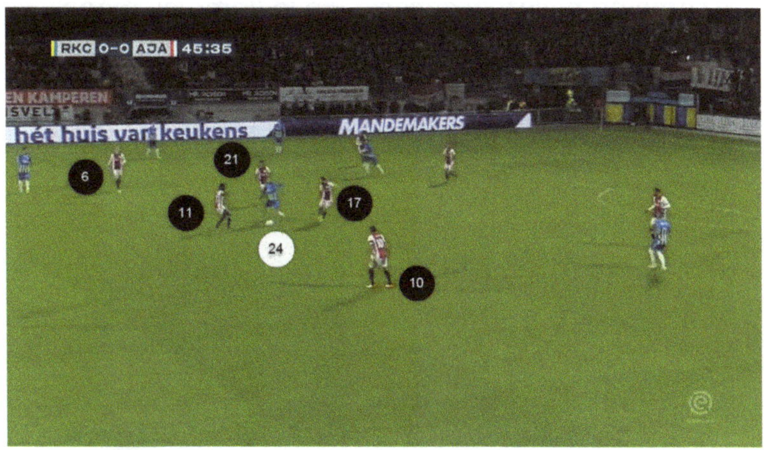

La presión surte efecto. El rival (24) se encuentra encerrado y Promes (11), que recupera el balón, tiene opciones para dar un pase de seguridad tanto por izquierda con el extremo Tadić (10), como por derecha con el mediocentro izquierdo Martínez (21) y así iniciar la transición defensa-ataque.

HAKIM ZIYECH. EL "MAGO" MARROQUÍ

> *"Ziyech quiere hacer las cosas con estilo. Ahora combina belleza y eficacia. Yo lo llamo el 'mago'. Puede pintar con su pie izquierdo".*
>
> **Erik ten Hag**

SITUACIÓN 1: diagonal – arrastrar marcas

ANÁLISIS DE LA SITUACIÓN

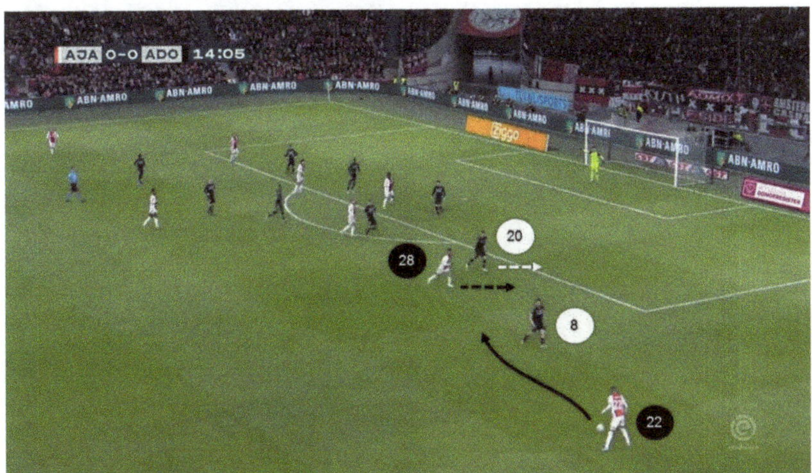

El cambio de frente posibilita generar duelos en zonas con más espacios. El extremo derecho, Ziyech (22), recibe y comienza a trazar una diagonal hacia dentro con el aporte de sus compañeros. El lateral derecho, Dest (28), arrastra a su marca (20) para liberarle el camino al extremo derecho.

Por otro lado, el lateral izquierdo rival (8) debe marcar con su pierna menos hábil y con el poseedor cubriendo el balón con su cuerpo.

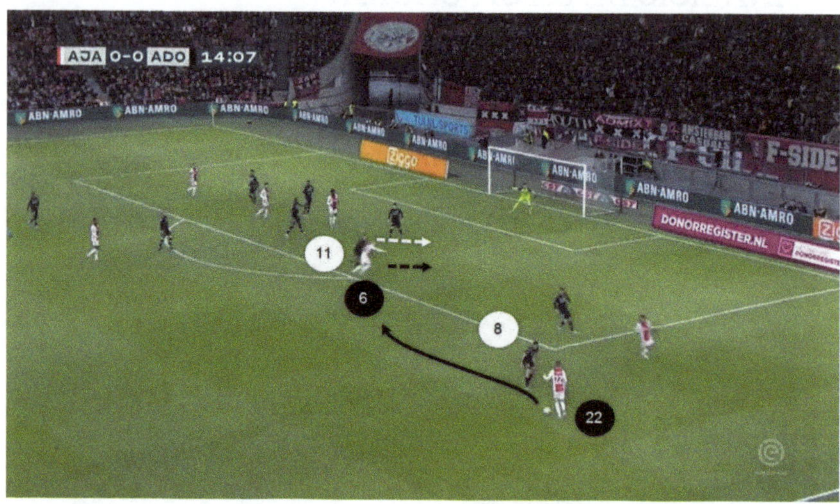

El mediocentro derecho, Van de Beek (6), también arrastra a su marca (11) para liberar la zona, al detectar la diagonal del extremo (22). El lateral rival (8) se perfila, buscando inducir a Ziyech a que juegue por la banda.

El duelo es ganado por el atacante que, librado de su marca, tiene tiempo y buena ubicación para colocar su remate.

SITUACIÓN 2: asistencia - conducción - fijar marcas

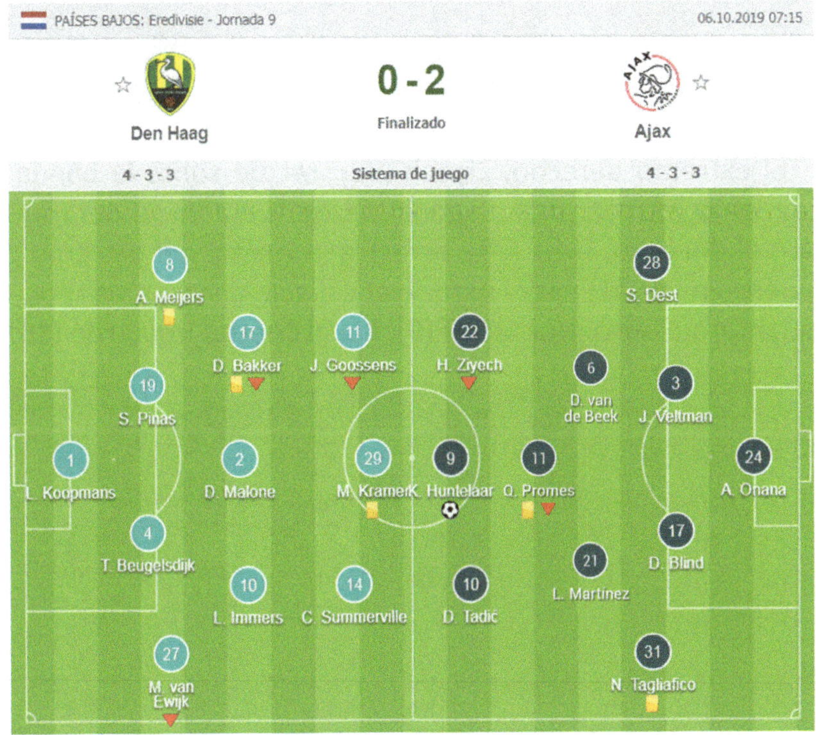

ANÁLISIS DE LA SITUACIÓN

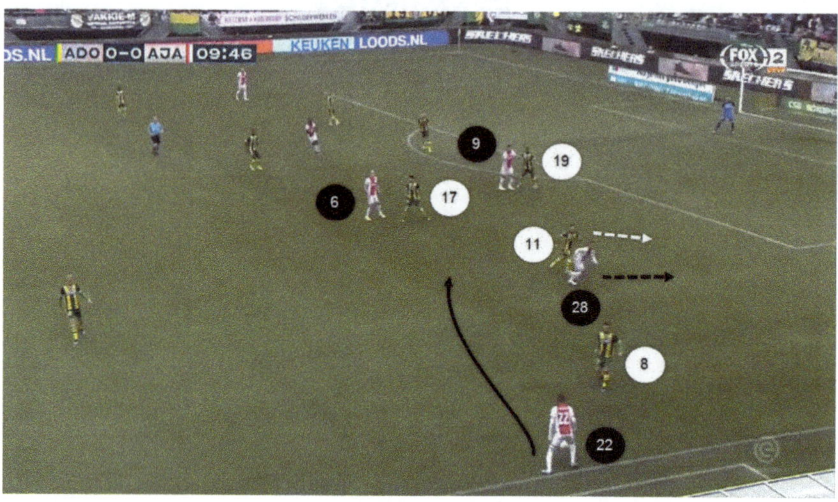

El extremo derecho, Ziyech (22), recibe sobre la banda y comienza a trazar una diagonal desde fuera hacia dentro. El lateral derecho, Dest (28), arrastra la marca del extremo izquierdo rival (11) para liberarle el espacio a su compañero. El delantero centro, Huntelaar (9), fija al central izquierdo (19).

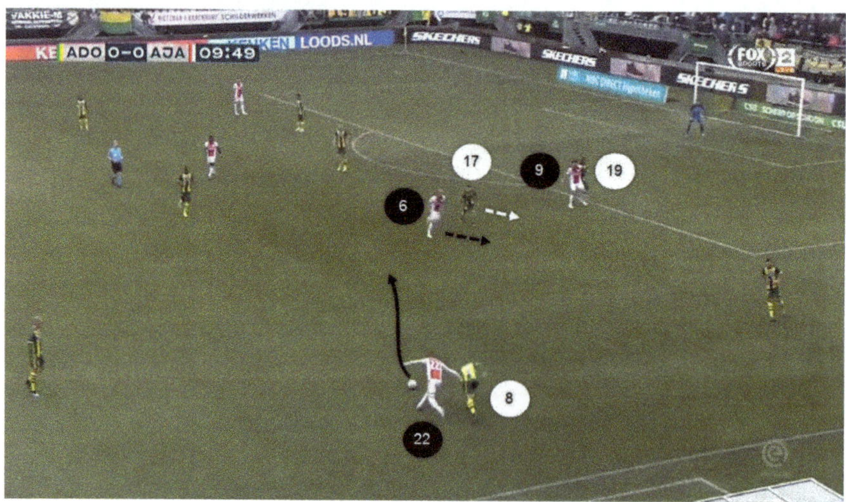

El mediocentro derecho, Van de Beek (6), arrastra al interior izquierdo rival (17) al detectar la diagonal del extremo del Ajax (22). Huntelaar (9) sigue con su rol de fijador sobre el central izquierdo (19).

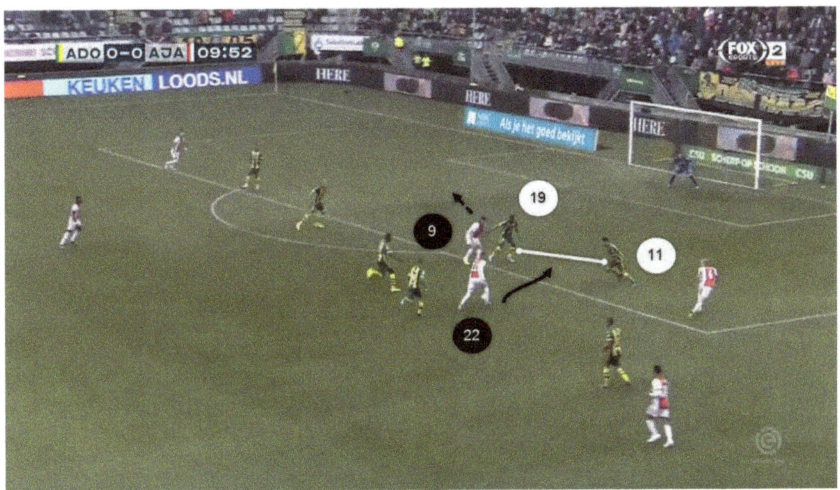

Ziyech (22), liberado de su marca, ataca el intervalo entre el central izquierdo (19) y el extremo izquierdo (11), fijando a ambos. Huntelaar (9) se desmarca del central (19) para poder recibir libre la descarga de su compañero.

CAPÍTULO 3

RB LEIPZIG - JULIAN NAGELSMANN

"Tenemos que crear oportunidades mediante la posesión del balón y reconocer las situaciones en las que podemos acelerar el ritmo de juego".

Julian Nagelsmann

INTRODUCCIÓN

Sistema de juego habitual: utilizado el 65% de los partidos.

1-4-2-2-2

PROGRESIÓN DESDE LA ZONA DE INICIO

SITUACIÓN 1: mover y atraer al rival para encontrar al hombre libre por dentro - rápida circulación del balón

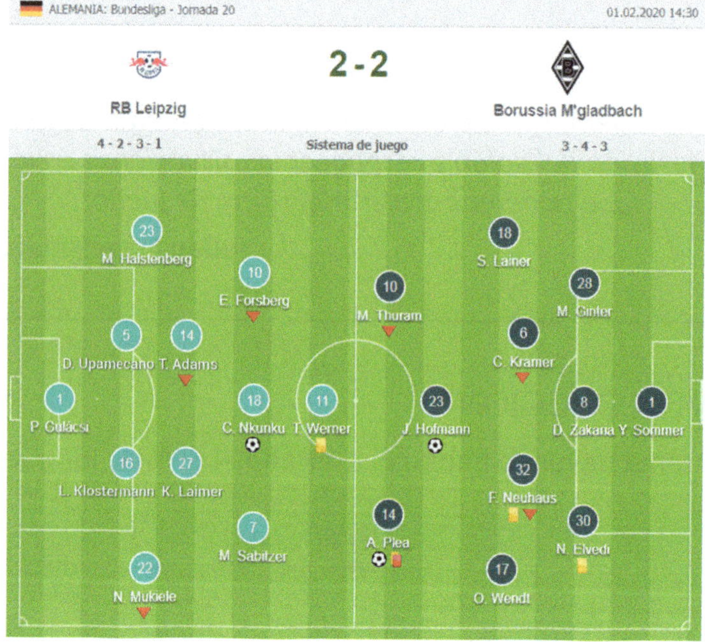

ANÁLISIS DE LA SITUACIÓN

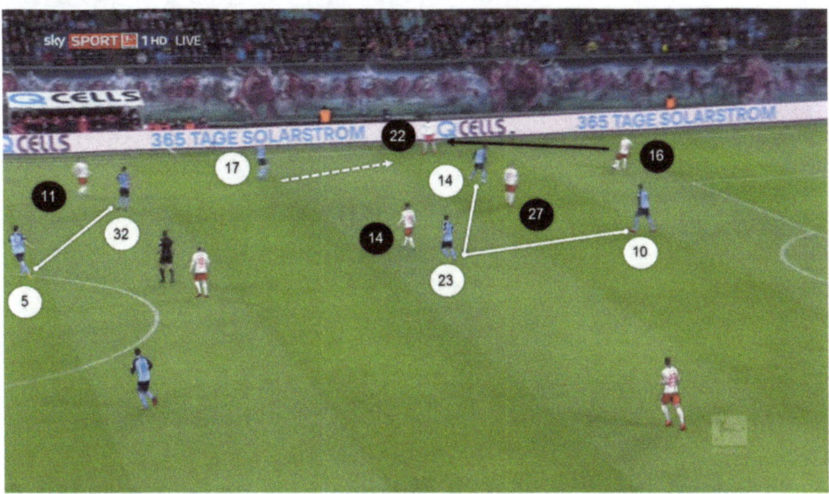

Leipzig sale en corto y al posicionar a sus mediocentros, Tyler Adams (14) y Konrad Laimer (27), en la zona de inicio, le crea un problema al oponente que juega con un esquema 1-3-4-3. El delantero izquierdo adversario (14) presiona al central derecho, Lukas Klostermann (16), y el rival (23), ubicado como enlace pero con un rol de mediapunta, se ocupa de Adams (14), quedando libre Laimer (27). Para que esto suceda es importante el descenso de Timo Werner (11), delantero centro, que fija a un componente del doble pivote rival (32) y le impide presionar alto a Laimer (27).

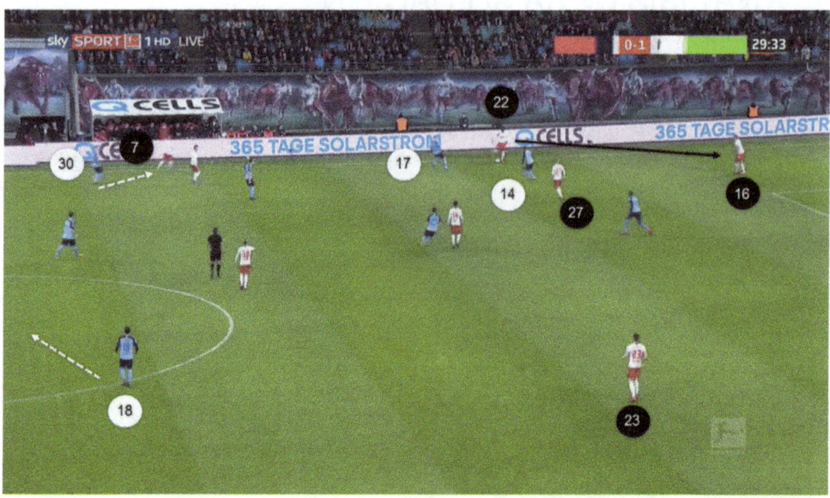

El lateral derecho, Nordi Mukiele (22), es acosado por el lateral izquierdo (17) y el delantero centro izquierdo rival (14), por lo que regresa el balón hacia Klostermann (16) para orientar el juego hacia la zona opuesta. El descenso de Marcel Sabitzer (7), extremo izquierdo, para atraer al central izquierdo adversario (30), genera el corrimiento del lateral derecho oponente (18) para compensar la defensa.

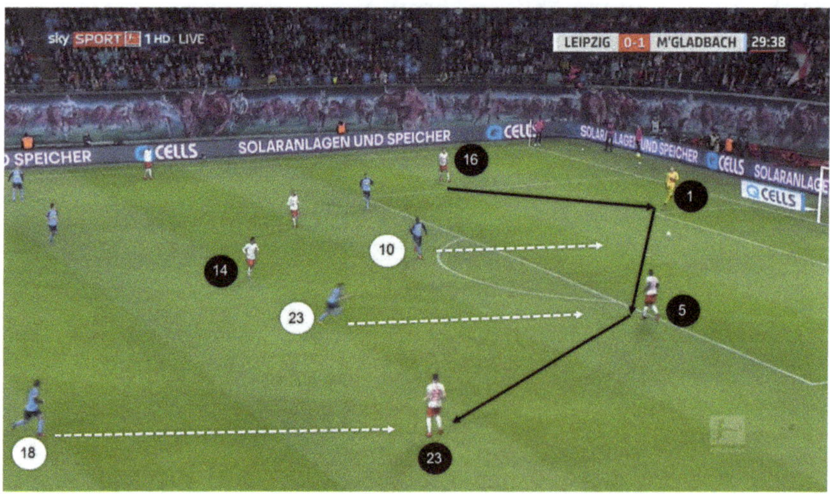

Klostermann (16) juega con el portero Péter Gulácsi (1),

quien se asocia dos veces con el central izquierdo, Dayot Upamecano (5), para atraer a los dos rivales, (10) y (23), respectivamente.

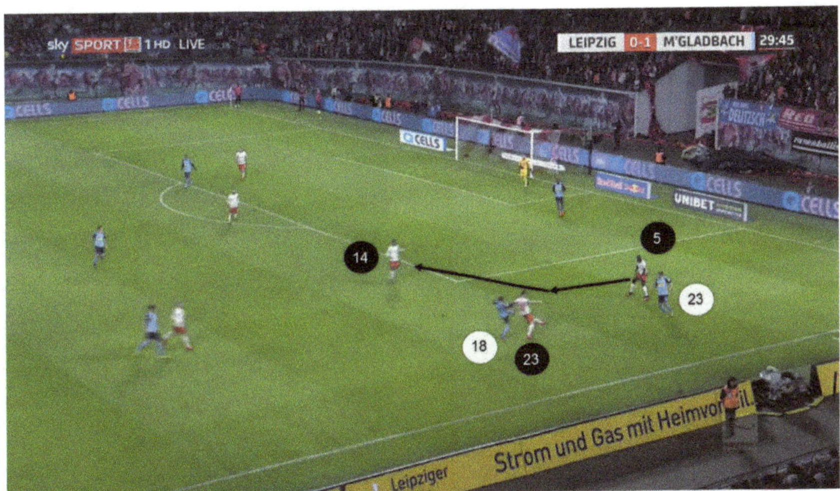

El rápido ritmo de pases impuesto por el conjunto de Nagelsmann, más la basculación defectuosa del rival, logra la aparición del hombre libre: El mediocentro izquierdo, Adams (14), recibe el balón luego de la combinación entre Upamecano (5) y el lateral izquierdo Halstenberg (23).

SITUACIÓN 2: salida por fuera en base a fijación y conducción

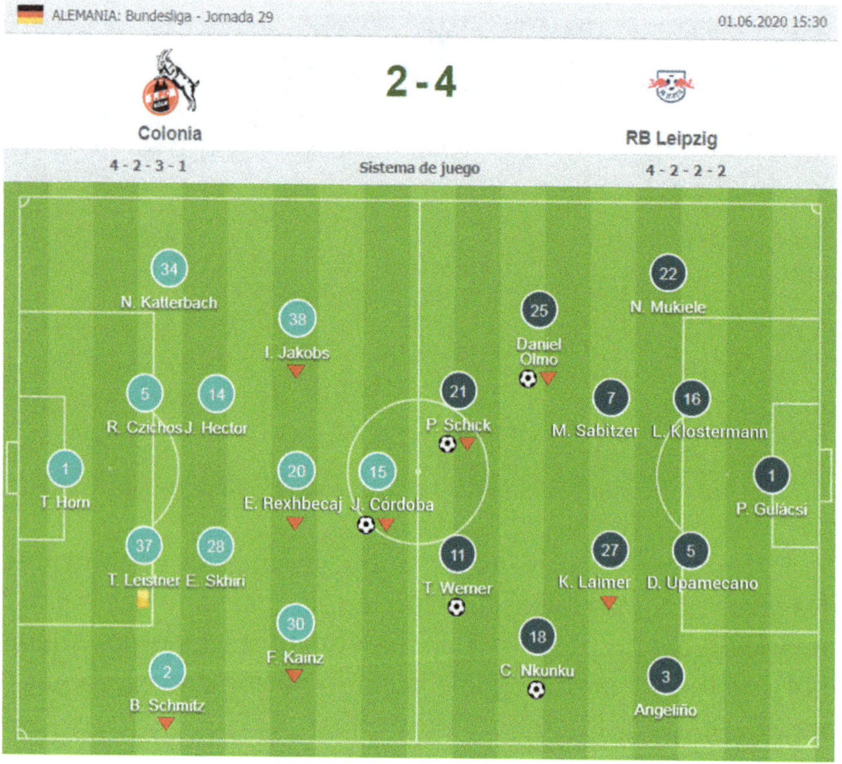

ANÁLISIS DE LA SITUACIÓN

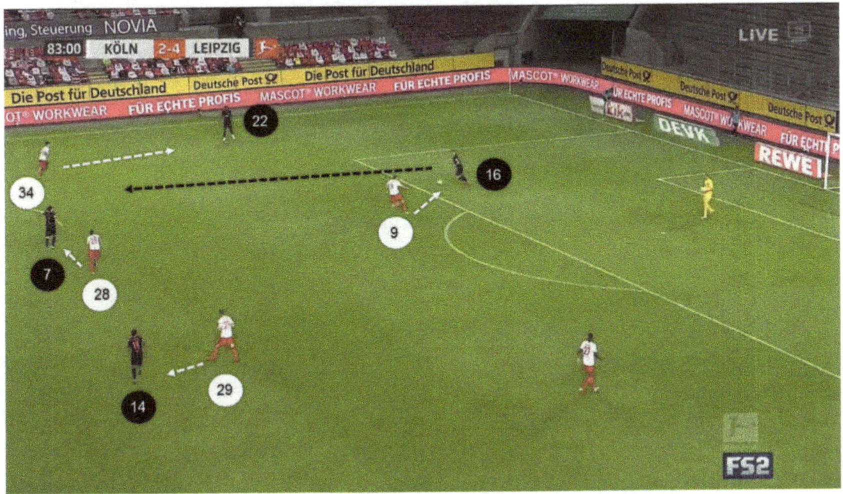

El equipo de Nagelsmann busca atraer a la zona de inicio al rival, que presenta un esquema 1-3-5-2. El delantero centro (9, ingresado en el segundo tiempo) acosa la salida del central derecho, Klostermann (16), que intenta romper la línea de presión encontrando a un jugador a espaldas de la línea de mediocampistas. El lateral derecho, Mukiele (22), atrae al lateral izquierdo (34) para que el equipo juegue a su espalda. El mediocentro derecho, Sabitzer (7) es la opción para recibir de frente (usando el concepto del “tercer hombre”).

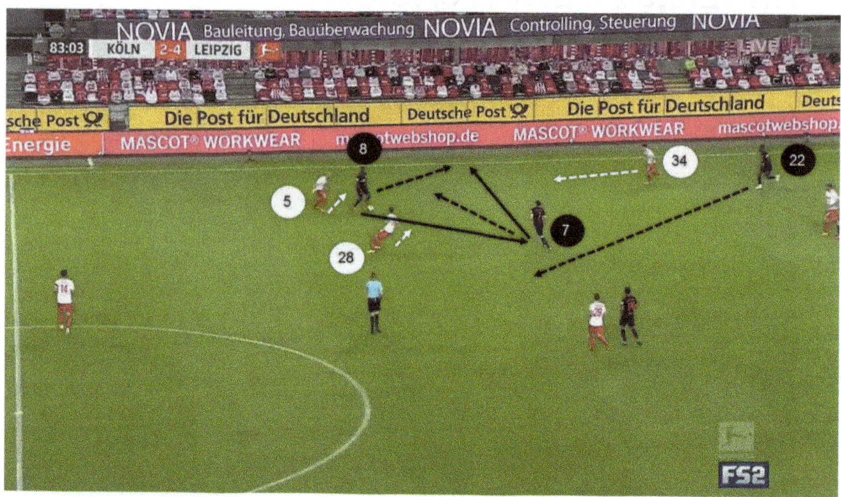

El pase de Klostermann tiene como receptor a Amadou Haidara (8), quien es presionado por el central izquierdo (5) y se asocia con Sabitzer (7) para llevar el juego hacia la banda. De esta forma, Sabitzer (7) atrae a su referencia en la marca (28) y también al lateral izquierdo (34), que suelta a Mukiele (22). El lateral derecho (22) comprende que para participar en la salida del equipo debe dejar de ocupar el rol de fijador y pasar al rol de receptor inmediato.

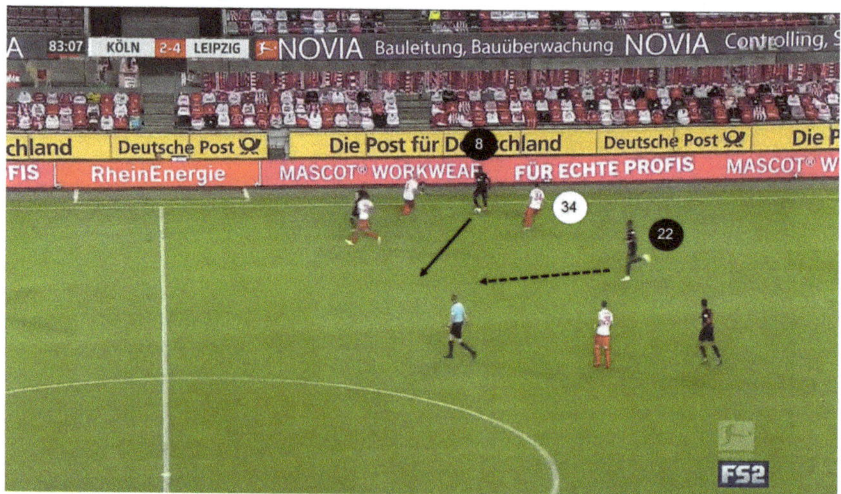

Haidara (8) recibe el pase de Sabitzer (7), logrando fijar sobre la banda a sus marcardores y al lateral izquierdo (34). Mukiele (22) gana la espalda de su marcador, se transforma en receptor y logra darle salida al equipo para seguir progresando en el campo. La superiodidad posicional de Leipzig logra imponerse a la igualdad numérica que intentó aplicar el rival en la zona.

En el juego se pueden manifestar diferentes tipos de superioridades. Algunas de ellas son: 1) superioridad numérica, que se manifiesta siendo más en una zona determinada; 2) superioridad posicional, que se basa en estar mejor ubicados que el rival en una misma zona; 3) superioridad cualitativa, dada por la riqueza individual de los jugadores; 4) superioridad socio-afectiva, que se manifiesta en la conformación de sociedades que se entienden y complementan mejor que los rivales.

ATAQUES: PROGRESIÓN Y FINALIZACIÓN

SITUACIÓN 1: ataque con participación de laterales - fijaciones - amplitud

ANÁLISIS DE LA SITUACIÓN

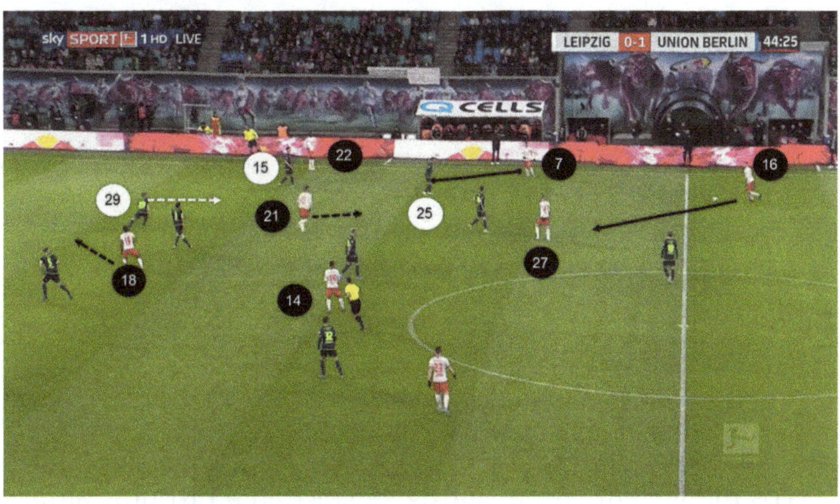

Una característica del ataque posicional de Leipzig es la movilidad de sus jugadores. Frente a un rival que defiende en bloque bajo con un esquema 1-5-4-1, Sabitzer (7, extremo derecho) atrae y fija al lateral izquierdo adversario (25) al igual que Patrik Schick (21), delantero centro, que saca de la zona al central izquierdo (29). Por otra parte, Christopher Nkunku (18), enlace, busca atacar el espacio; mientras que Mukiele (22, lateral derecho) fija a su marca (15) y, además, otorga amplitud, esperando el momento adecuado para atacar.

Klostermann (16), central derecho, toca hacia Laimer (27), mediocentro derecho, que tendrá varias opciones de pase.

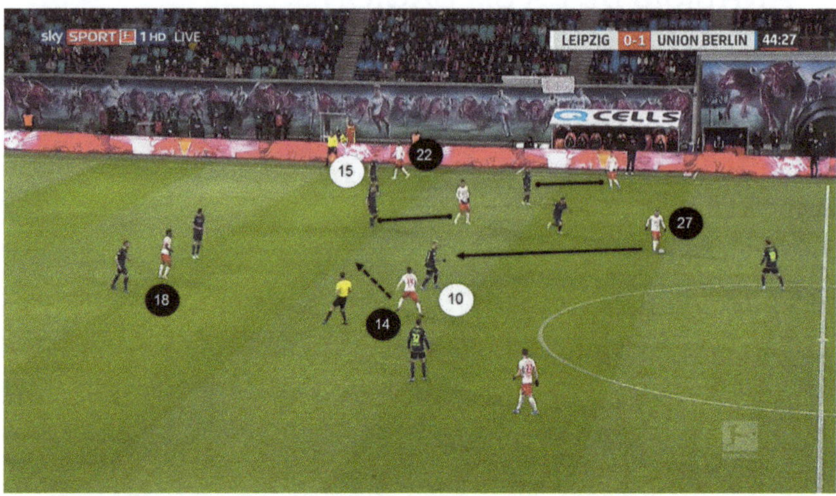

Los mediocentros de Leipzig se colocan a distintas alturas para crear una línea de pase que logre verticalizar el ataque. Adams (14), mediocentro izquierdo, detecta el espacio que existe a espaldas de su rival (10) y se desmarca para el pase de Laimer (27). El oponente no logra reducir espacios entre líneas, en cierta medida, por la fijación de marcas que realizan los jugadores del equipo de Nagelsmann.

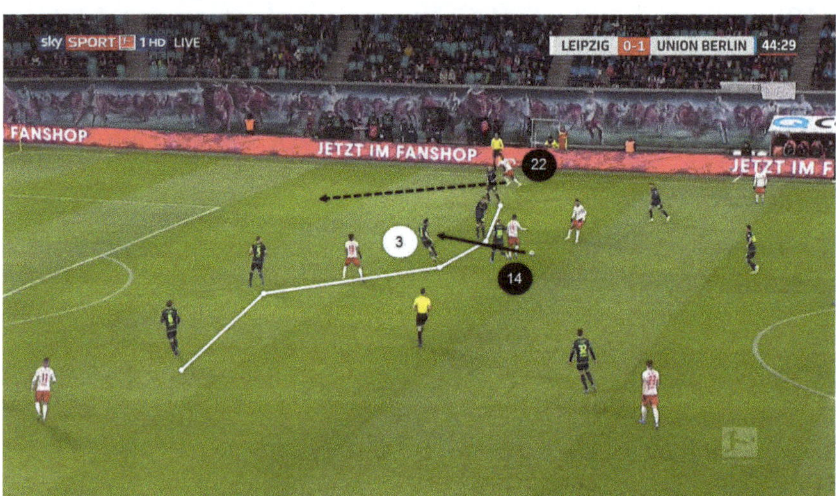

El defensor central contrario (3) sale a destiempo a presionar a Adams (14), por lo que queda fabricado el espacio para habilitar a Mukiele (22), quien realiza el desmarque de ruptura en el momento justo para poder finalizar el ataque.

SITUACIÓN 2: ataque con participación de mediocampistas - apoyos y aprovechamiento de ventajas

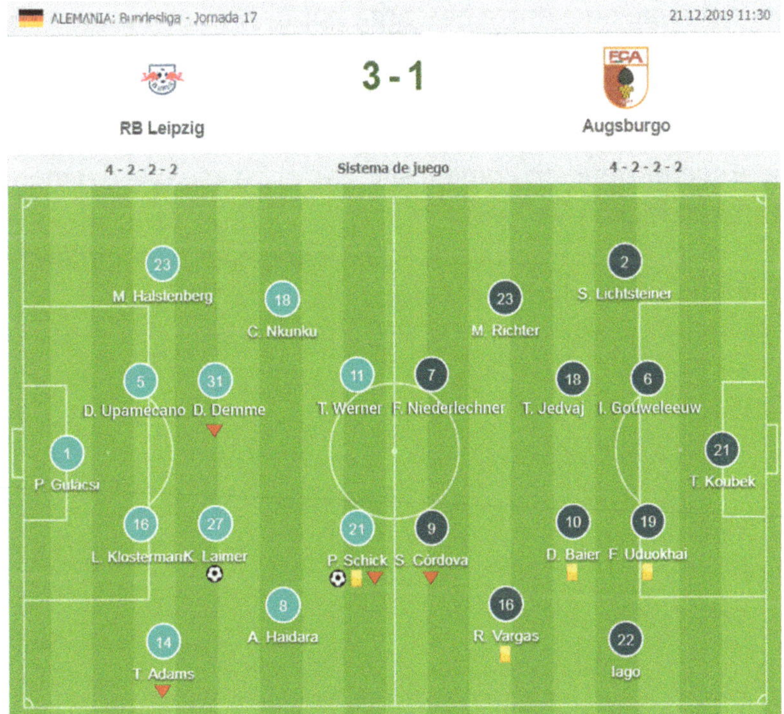

ANÁLISIS DE LA SITUACIÓN

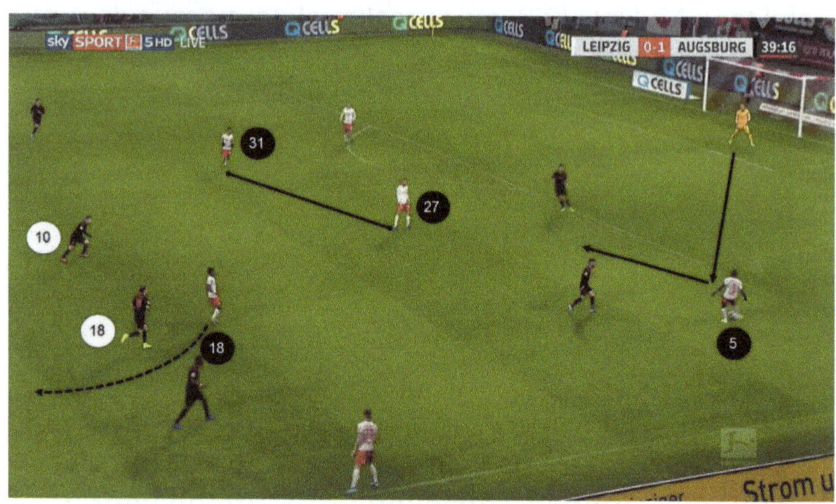

El central izquierdo Upamecano (5), frente a la presión alta del rival, encuentra descarga por dentro con Laimer (27), uno de los mediocentros que conforma el doble pivote junto a Diego Demme (31). El mediapunta izquierdo Nkunku (18), que se ofrecía como apoyo, al ver que el juego se orienta hacia el sector opuesto comienza la carrera a espalda del mediocentro derecho rival (18).

Leipzig buscará aprovechar las ventajas que irá generando a medida que progrese el juego.

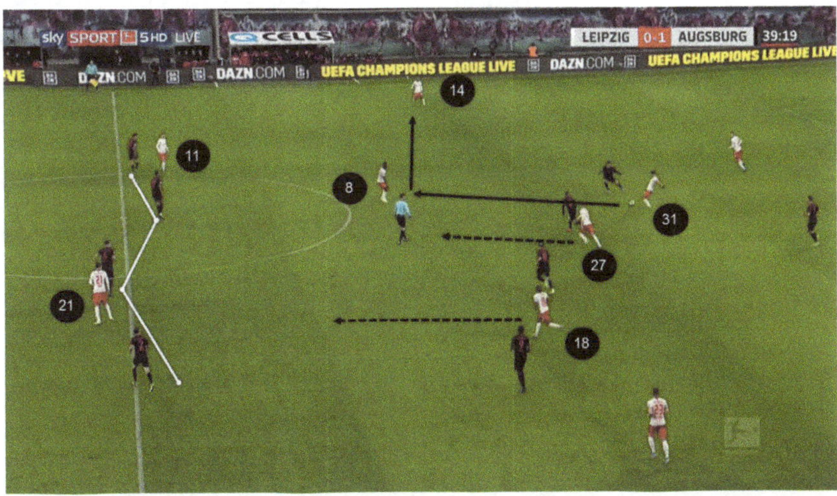

Demme (31) encuentra a Haidara (8), mediapunta derecho, entre líneas. En este caso, sirve de apoyo para volcar el juego hacia el sector de Adams (14), lateral derecho en este partido. Es importante el desprendimiento que realiza Laimer (27) sumándose al ataque.

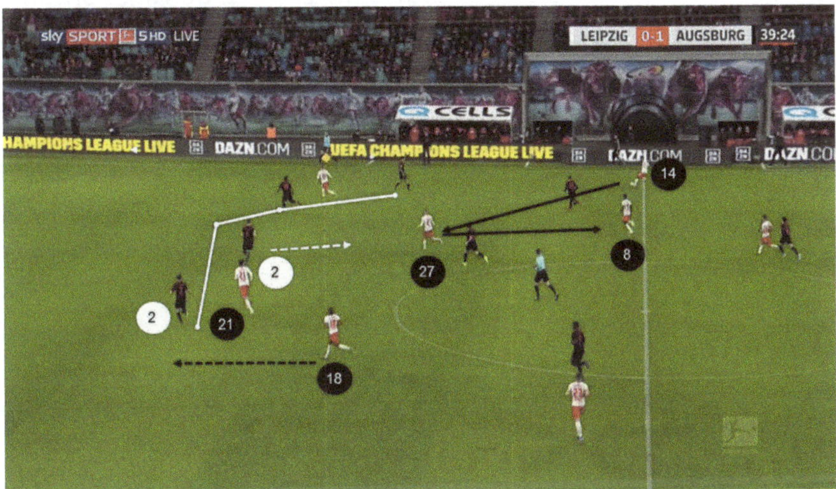

Con el avance del ataque se invierten los roles: Laimer (27) pasa a ser apoyo en el pase de Adams (14) y es Haidara (8)

el receptor de la descarga. Nkunku (18) ataca el lado débil del oponente, que no reduce espacios entre líneas y bascula sin vigilar al extremo del Leipzig. El delantero centro derecho, Patrik Schick (21), colabora arrastrando al lateral derecho (2).

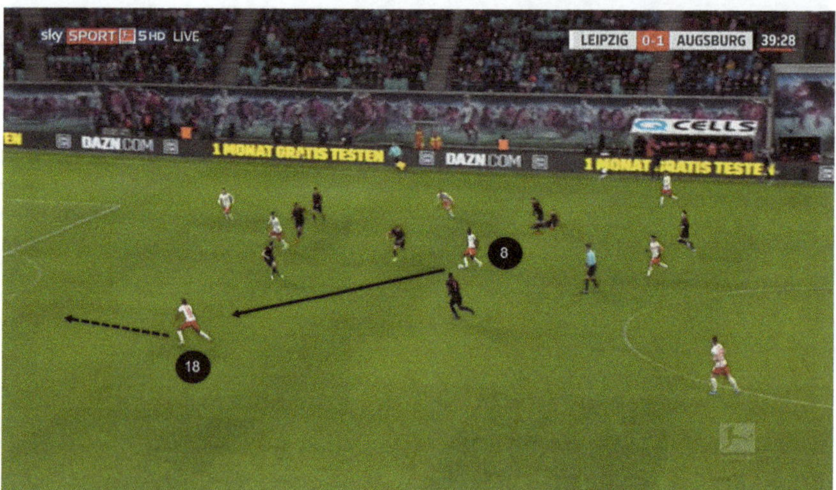

La finalización del ataque sirve para ilustrar la participación de los extremos con el esquema 1-4-4-2 de Nagelsmann. Haidara (8) en esta jugada ocupó un rol de enlace, uniendo líneas, y Nkunku (18) tuvo una función de delantero (18), verticalizando el juego con su proyección y llegando a la zona de definición.

El entrenador español Enric Soriano desarrolló el concepto del juego desde las "perspectivas de las ventajas". Los equipos intentan construir (con o sin balón) ventajas, detectarlas y aprovecharlas. Las acciones del juego (desmarques, triangulaciones, fijaciones, controles, etcétera) son un medio (no un fin) para acceder a esas ventajas. Que cada gesto técnico tenga una intención táctica y que esas ventajas conseguidas no solo vayan en aumento sino que también sean utilizadas por el equipo.

SITUACIÓN 3: ataque con participación de delanteros - tercer hombre

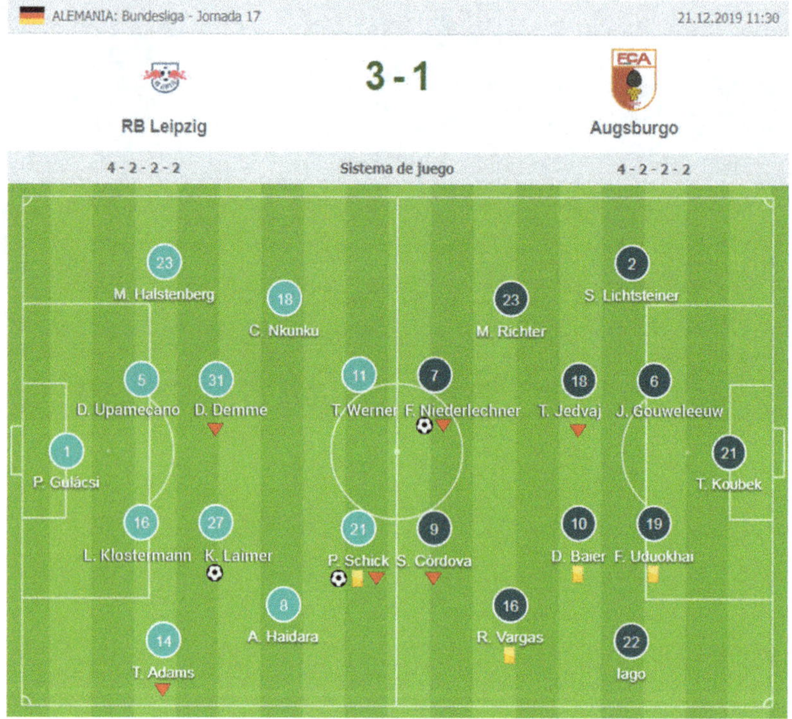

ANÁLISIS DE LA SITUACIÓN

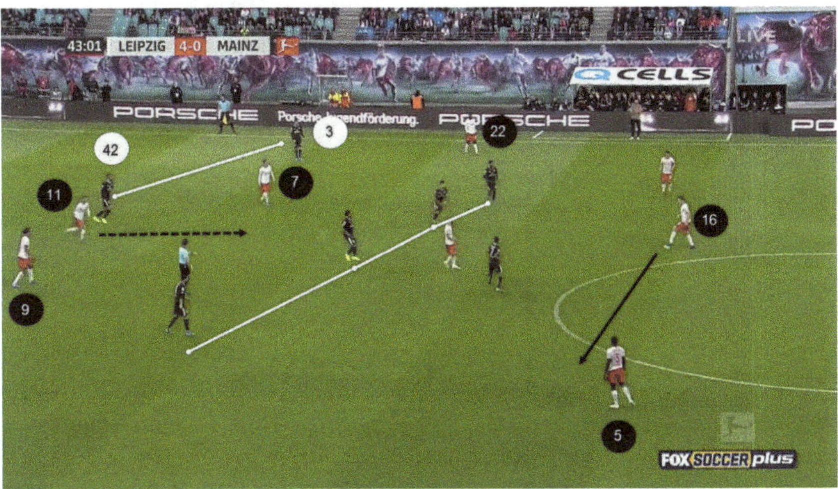

El equipo de Nagelsmann lateraliza su juego buscando espacios entre líneas del rival, que defiende en bloque bajo. El delantero centro izquierdo, Werner (11), desciende para ganar espacio a espaldas de los mediocampistas y Poulsen (9), el otro delantero centro (ingresado en el segundo tiempo) queda como fijador. El lateral derecho, Mukiele (22), se ubica por fuera dando amplitud al equipo; mientras que Sabitzer (7), uno de los mediocentros (ingresado en la segunda parte), queda posicionado tanto entre líneas como en el intervalo entre el central (42) y lateral adversario (3).

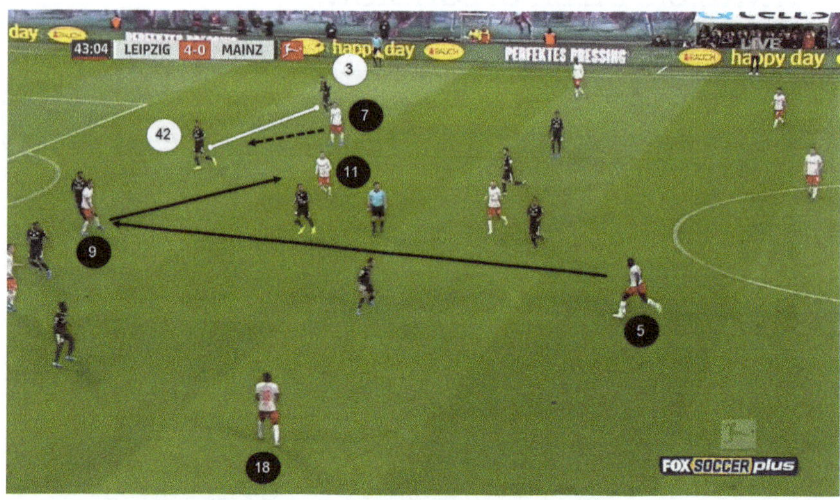

El central izquierdo, Upamecano (5), detecta el espacio para filtrar el pase hacia el delantero centro derecho, Poulsen (9), quien funciona de apoyo para descargar hacia Werner (11), ubicado entre líneas ("tercer hombre"). Sabitzer (7) comienza a atacar el intervalo entre central (42) y lateral (3), interpretando cuál puede ser la próxima acción en el ataque del equipo.

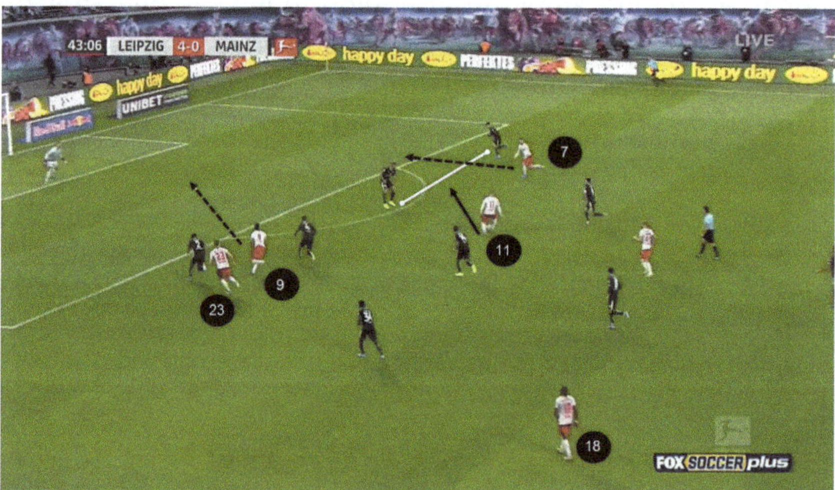

Werner (11) recibe y asiste a Sabitzer (7). Poulsen (9) acompaña la finalización de la jugada por si el portero otorga un rebote. También se destaca como el lateral izquierdo, Halstenberg (23), llega a zona de definición; y Nkunku (18), mediapunta izquierdo, quedó compensando como relevo.

ORGANIZACIÓN DEFENSIVA

SITUACIÓN 1: presión tras pérdida - distancias

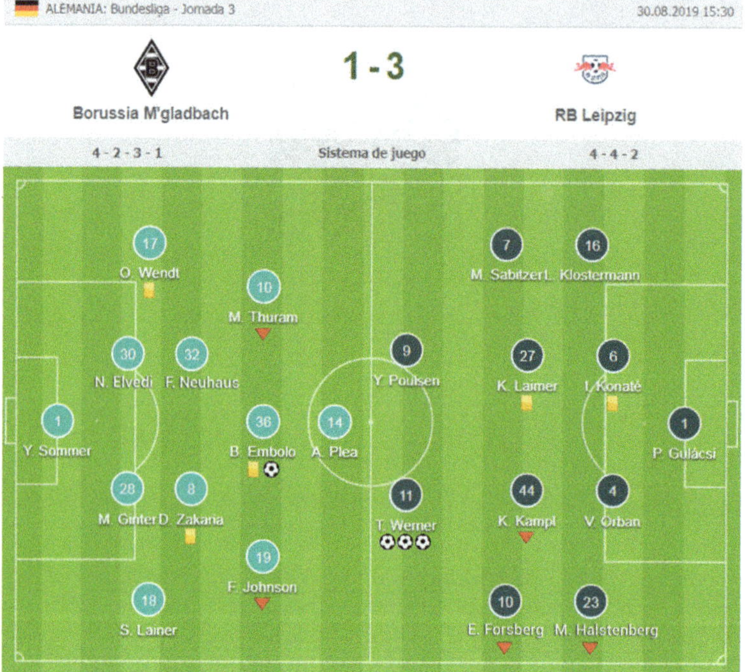

ANÁLISIS DE LA SITUACIÓN

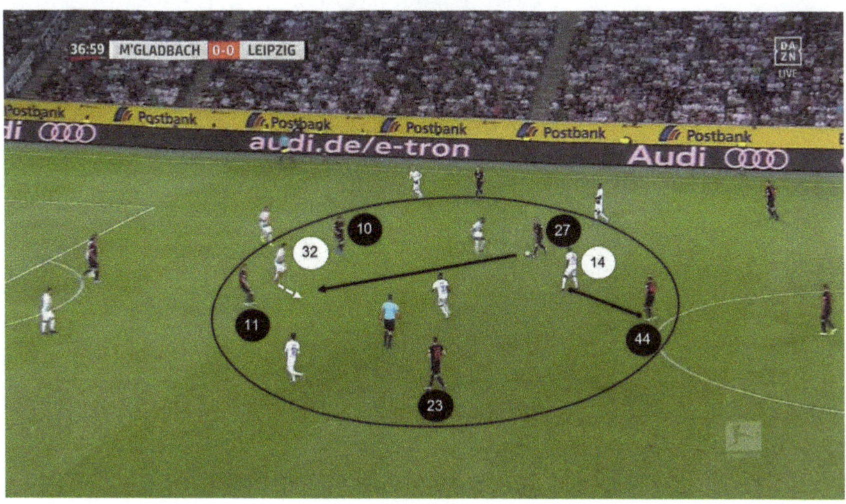

Leipzig busca progresar en el ataque jugando en corto. El mediocentro derecho, Laimer (27), intenta dar un pase hacia el receptor cercano, Werner (11, delantero centro izquierdo), que es despejado por el mediocentro izquierdo rival (32). En el espacio denominado de "ayuda mutua", los jugadores están ubicados en una posición que les permitirá reaccionar mejor ante una posible pérdida. El mediocentro izquierdo, Kevin Kampl (44), que se posiciona como "compensador", al igual que el lateral izquierdo Halstenberg (23), vigila al delantero centro oponente (14).

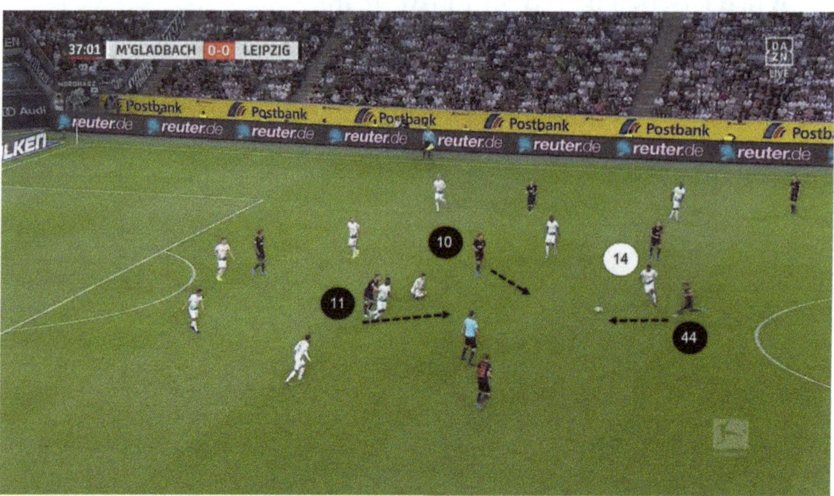

El despeje del rival activa tanto al compensador Kampl (44), que sale a disputarle el balón al delantero centro (14), como a Emil Forsberg (10) y Werner (11), quienes buscan ganar el espacio denominado de "intervención".

Werner (11) captura el corte de Kampl (44) y juega en corto con Forsberg (10) para iniciar la transición defensa–ataque.

Francisco Seirul·lo (preparador físico del primer equipo de FC Barcelona desde 1994 hasta 2014) desarrolló el concepto de "espacios de fase" para explicar la relación existente entre los jugadores de un equipo, que tendrán un rol funcional según el espacio que ocupe en un momento determinado del juego: 1) el "espacio de intervención", donde intervienen el poseedor, su marca, receptores inmediatos y fijadores; 2) el "espacio de ayuda mutua", donde participan receptores mediatos y compensadores; y 3) el "espacio de cooperación", donde se suman los intermedios y alejados, que son los que permiten el desarrollo de 1) y 2). Son fases dinámicas, que cambian constantemente, y que forman parte de la estructura general (fase total) de un equipo.

SITUACIÓN 2: presión alta - acosos y anticipos

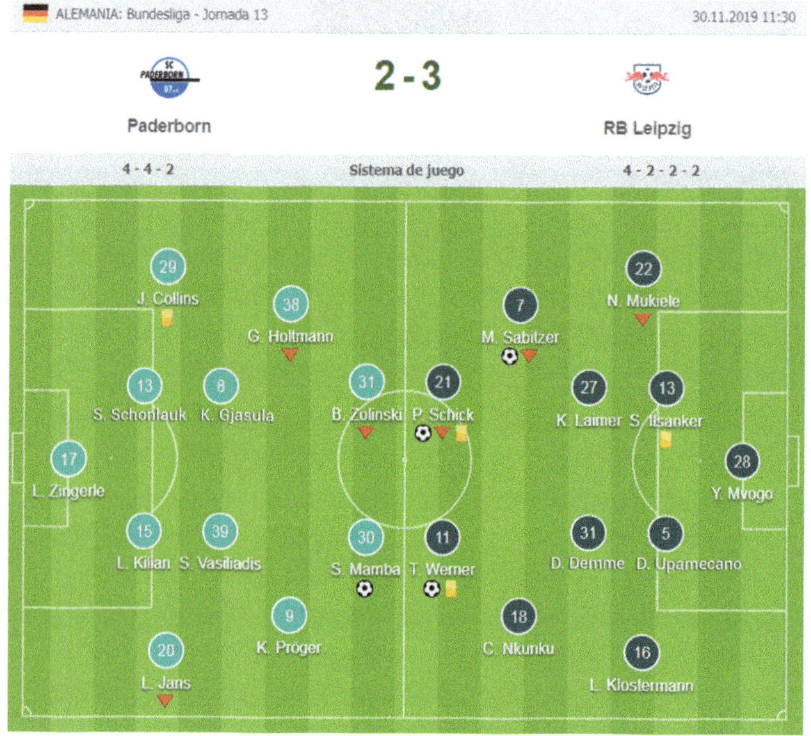

ANÁLISIS DE LA SITUACIÓN

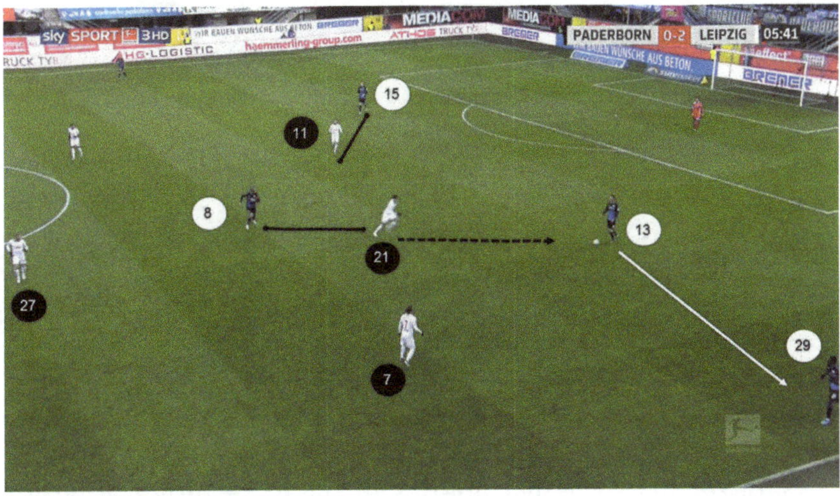

Con el rival intentando progresar desde su zona de inicio, Leipzig presiona con sus delanteros centro, Werner (11) y Schick (21), ubicados en zonas intermedias para acosar a los centrales adversarios (15) y (13) y tapar la línea de pase con el mediocentro izquierdo rival (8). Así, inducen al central oponente (13) a jugar con su lateral izquierdo (29); mientras que el mediapunta derecho, Sabitzer (7), cede el espacio y la banda para que jueguen con él.

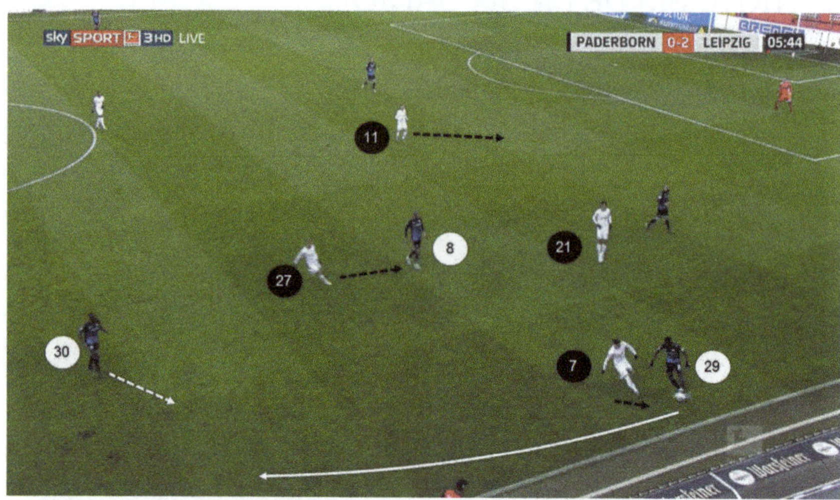

Sabitzer (7) se activa apenas el balón se dirige al lateral contrario (29) y se perfila anulando el juego por dentro, obligando al defensor rival a conectarse con el delantero (30) de su equipo, que se ofrece como apoyo. Werner (11) comienza a ocupar la zona libre, comprendiendo que la jugada puede acabar en una recuperación.

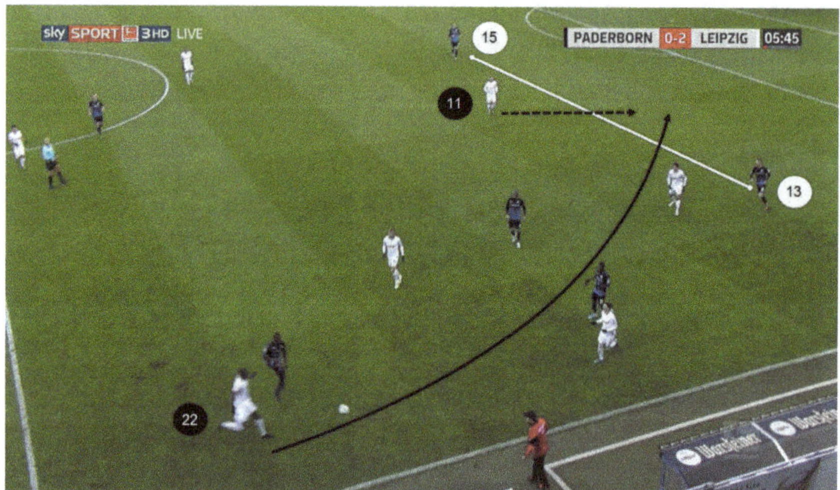

Los acosos generaron que el adversario lleve el juego hacia la zona donde quería Leipzig. El lateral derecho, Mukiele (22), anticipa y asiste a Werner (11), que ataca el intervalo entre los centrales oponentes (13 y 15), que quedó estirado y sin cobertura.

SITUACIÓN 3: presión en bloque medio - superioridad por banda

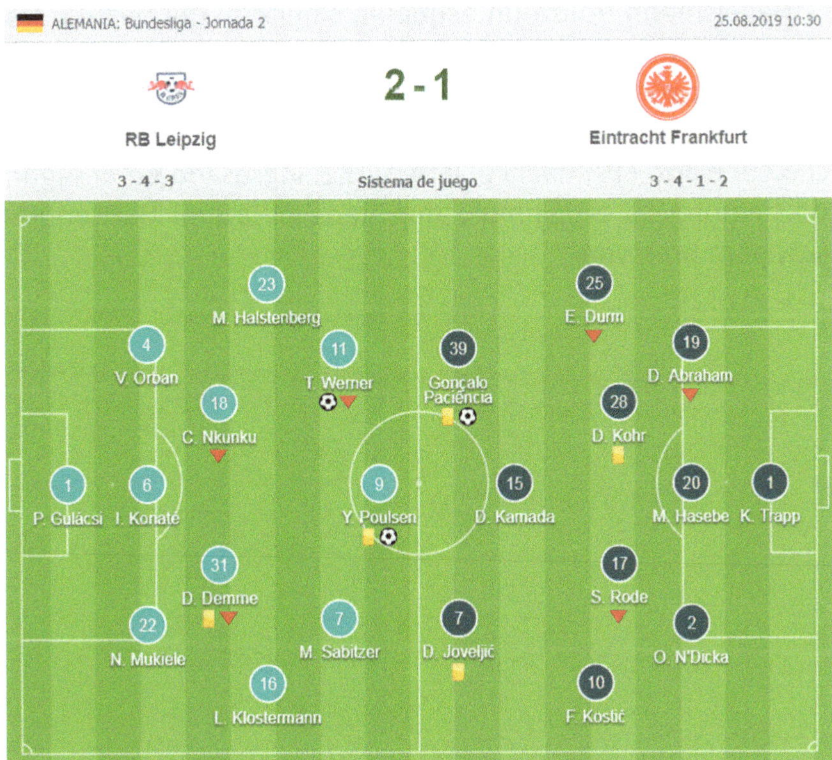

ANÁLISIS DE LA SITUACIÓN

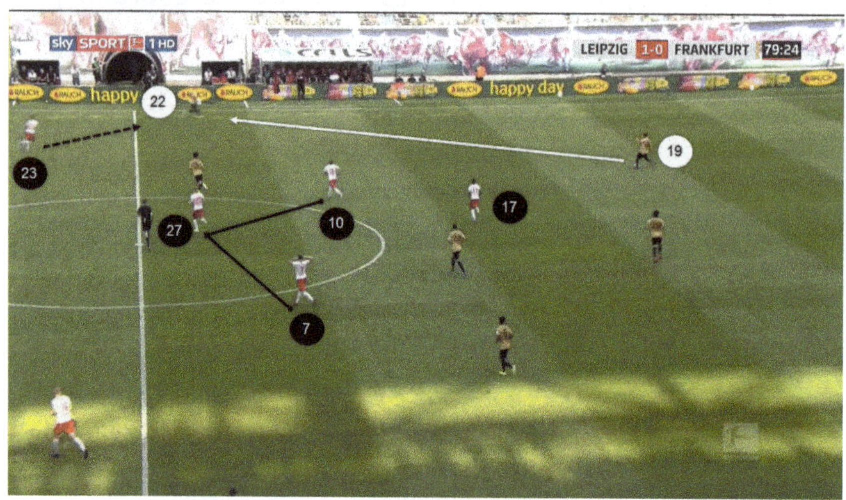

Nagelsmann utiliza un esquema similar al del rival (1-3-4-3), buscando emparejar marcas y que el bloque presione la zona de los laterales adversarios debido al buen juego que realiza el oponente por las bandas. El pase del central derecho contrario (19) hacia el lateral (22, ingresado en el segundo tiempo), es el estímulo que tiene el lateral Halstenberg (23) para presionar.

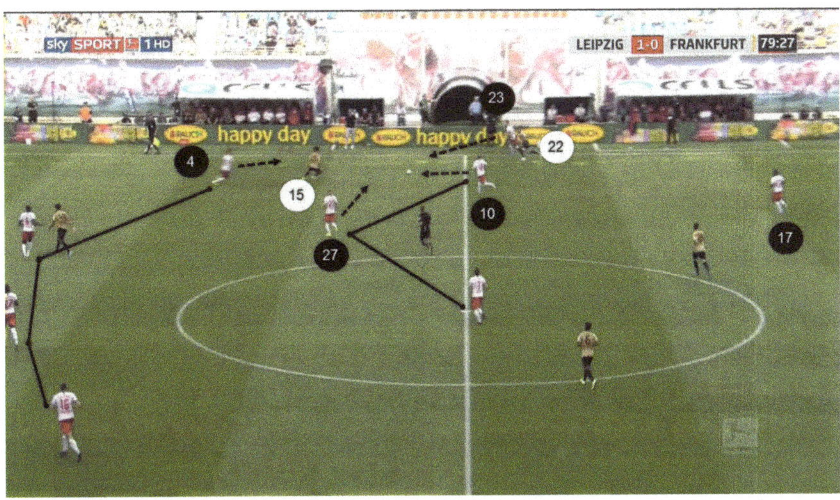

El lateral derecho rival (22) juega a un toque debido a la presión de Halstenberg (23). El enlace rival (15) recibe de espalda y es presionado por el central izquierdo, Willi Orban (4). La intención táctica del equipo de Nagelsmann es encerrar al rival sobre la banda, por lo que busca generar superioridad numérica en dicha zona.

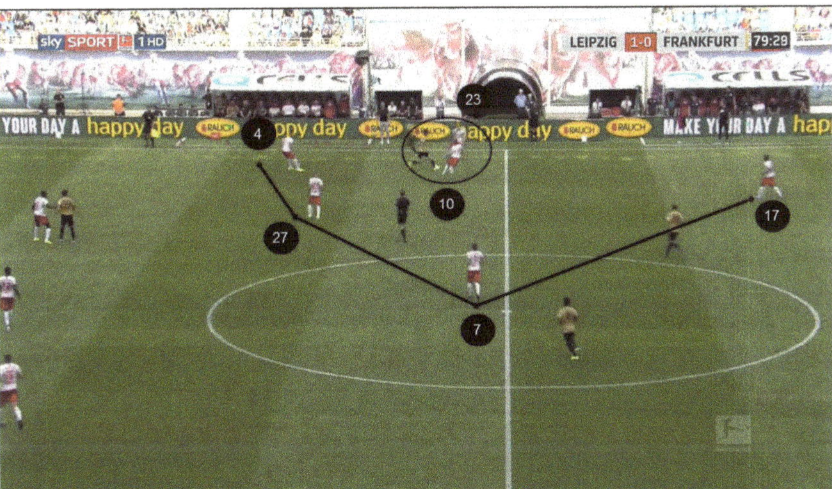

Leipzig no solo logra recuperar el balón sino que además tiene receptores inmediatos sin marca, con tiempo y espacio

para iniciar la transición defensa–ataque.

SITUACIÓN 4: presión en bloque bajo - pelota cubierta/descubierta

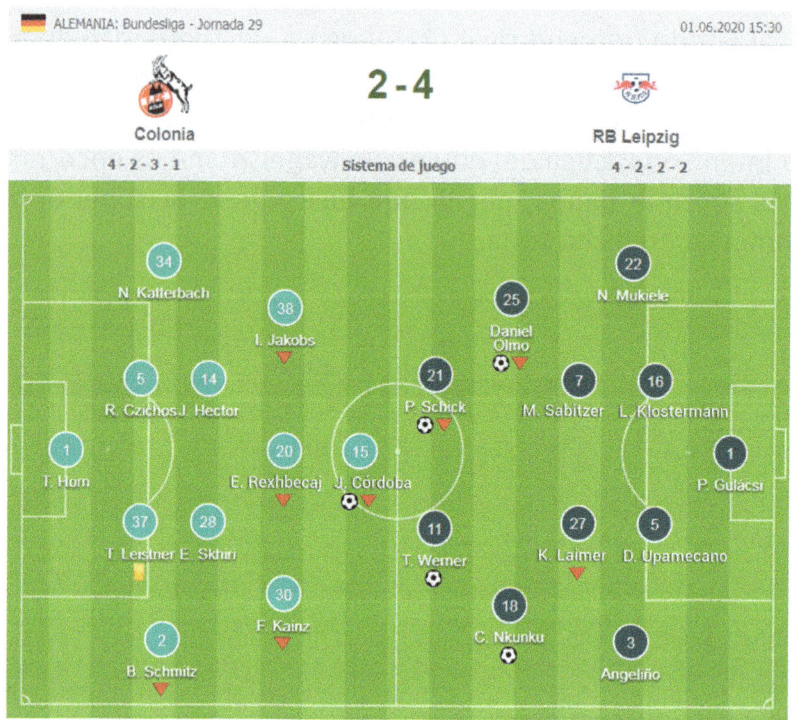

ANÁLISIS DE LA SITUACIÓN

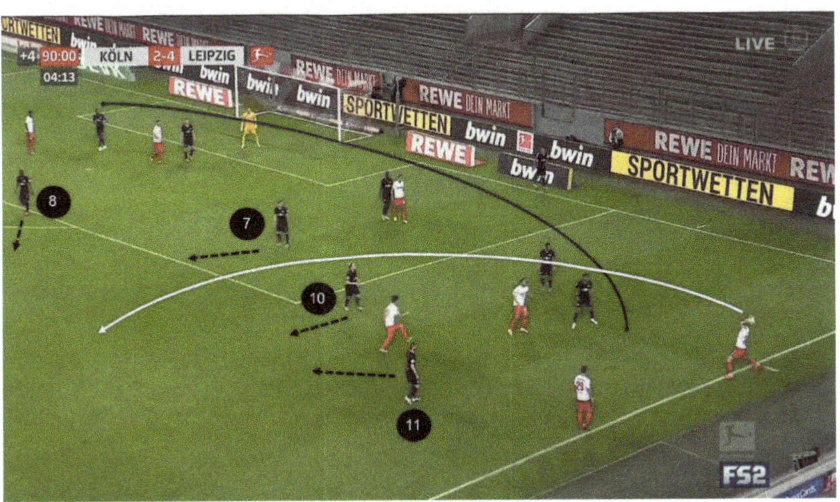

El saque lateral del rival que va hacia atrás (y el tiempo en el que el balón está en el aire) es la señal que capta Leipzig para achicar espacios hacia delante (concepto balón cubierto/descubierto ya mencionado en el libro). Forsberg (10, ingresado en el ST), mediapunta derecho, recibe ese estímulo para iniciar el acoso, acompañado por Werner (11) y Haidara (8, ingresado en el ST).

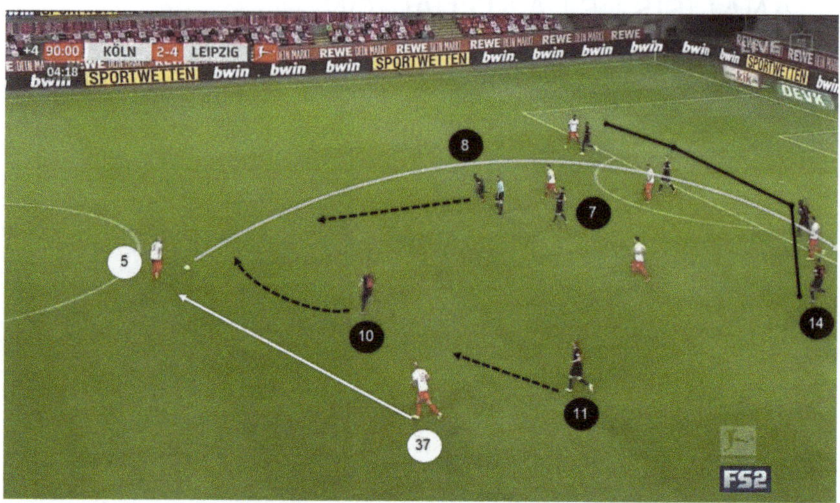

El acoso orientado de Forsberg (10) sobre los centrales (37) y (5), más la salida de Haidara (8) por el sector opuesto, le va quitando opciones de pase al rival. El mediocentro derecho, Sabitzer (7), queda como compensador, acompañando el achique de espacios pero atento a los adversarios que tiene a sus costados. El mediocentro izquierdo, Adams (14, ingresado en el segundo tiempo), vigila el pase largo a su espalda y le quita otra opción al poseedor.

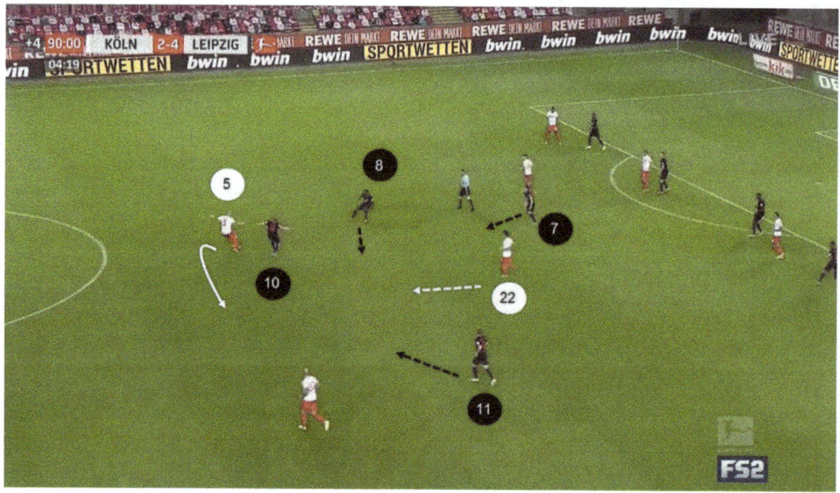

El central izquierdo oponente (5) decide girar, ante el acoso de Forsberg (10) y el bloqueo de la línea de pase que realiza Haidara (8), para buscar la descarga con el lateral (22, ingresado en el ST) que estaba regresando por dentro.

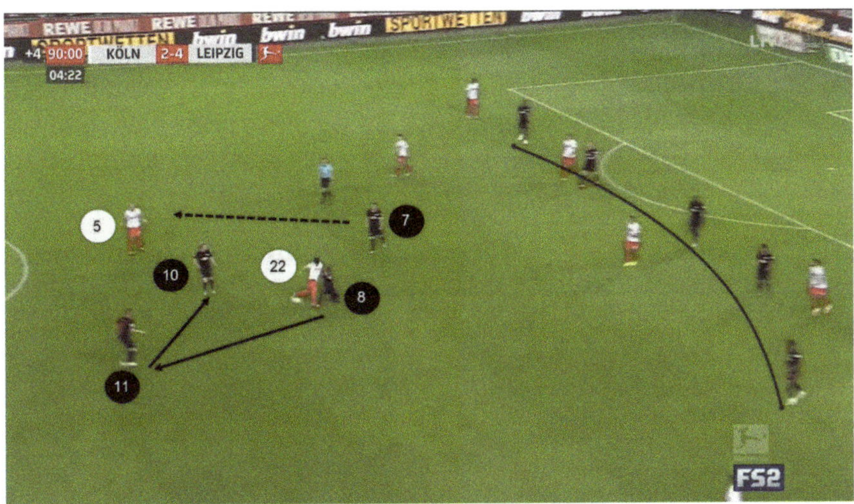

Haidara (8) logra interceptar el pase y juega con Werner (11) para iniciar la transición defensa–ataque. Sabitzer (7) se activa y se transforma en receptor mediato en el contraataque del Leipzig, conducido por Forsberg (10). Otro aspecto importante es el movimiento hacia delante de la última línea defensiva que acompañó la reducción de espacios, manteniendo el bloque compacto.

TIMO WERNER: UN "TORO" CARGADO DE TÉCNICA, POTENCIA E INTELIGENCIA.

"Timo tiene una forma especial de jugar como delantero. Es genial si tiene mucho espacio, puede acelerar, es muy rápido y fuerte en situaciones de uno contra uno, como también para asistir (...). No solo fue un buen jugador para finalizar".

Julian Nagelsmann

SITUACIÓN 1: colaboración en defensa – ubicación – diagonal

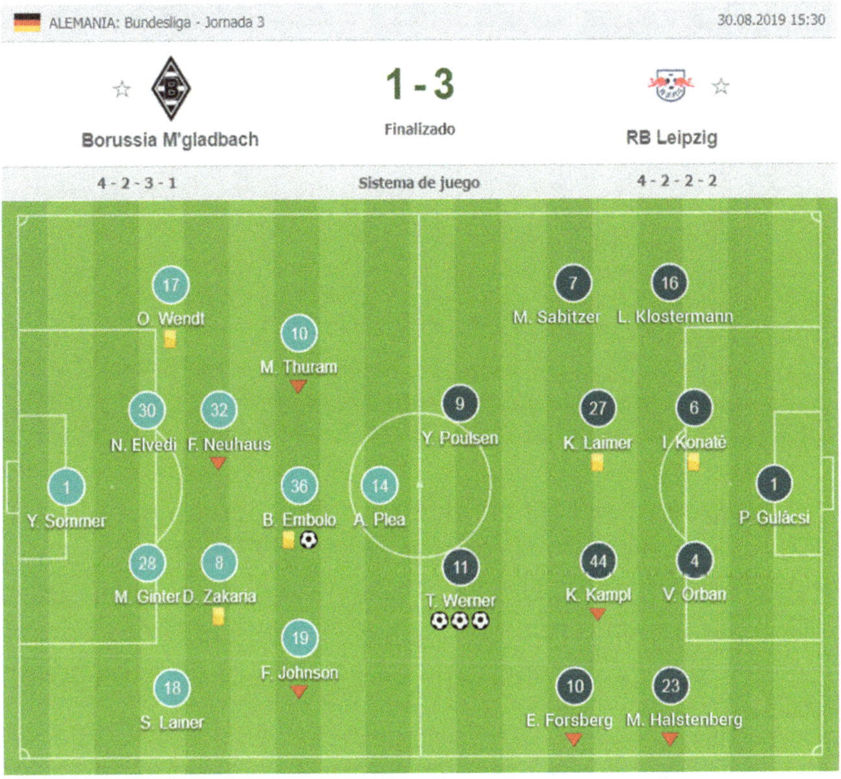

ALEMANIA: Bundesliga - Jornada 3 30.08.2019 15:30

Borussia M'gladbach 1 - 3 RB Leipzig

Finalizado

4 - 2 - 3 - 1 Sistema de juego 4 - 2 - 2 - 2

17 O. Wendt
10 M. Thuram
30 N. Elvedi
32 F. Neuhaus
1 Y. Sommer
36 B. Embolo
14 A. Plea
28 M. Ginter
8 D. Zakaria
19 F. Johnson
18 S. Lainer

7 M. Sabitzer
16 L. Klostermann
9 Y. Poulsen
27 K. Laimer
6 I. Konaté
1 P. Gulácsi
11 T. Werner
44 K. Kampl
4 V. Orban
10 E. Forsberg
23 M. Halstenberg

ANÁLISIS DE LA SITUACIÓN

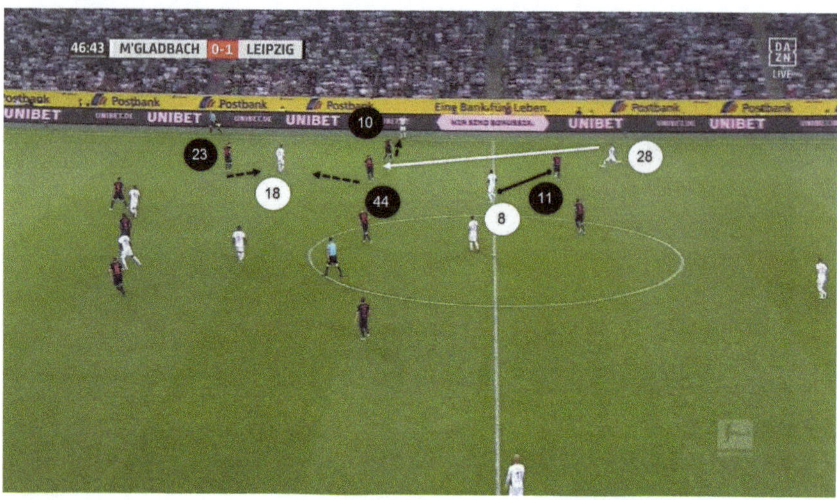

Leipzig se posiciona en bloque medio, con un parado 1-4-4-2, para presionar y recuperar el balón. El delantero centro izquierdo, Werner (11), ofrece al central derecho rival (28) la salida por banda o por dentro, pero salteando líneas porque bloquea la línea de pase con el mediocentro derecho adversario (8).

El mediocentro izquierdo, Kampl (44), recupera el balón y juega con el extremo izquierdo, Forsberg (10), para iniciar la transición defensa-ataque. Werner (11) ya está ubicado en la zona que dejó libre el lateral derecho rival (18) y alejado del mediocentro derecho (8).

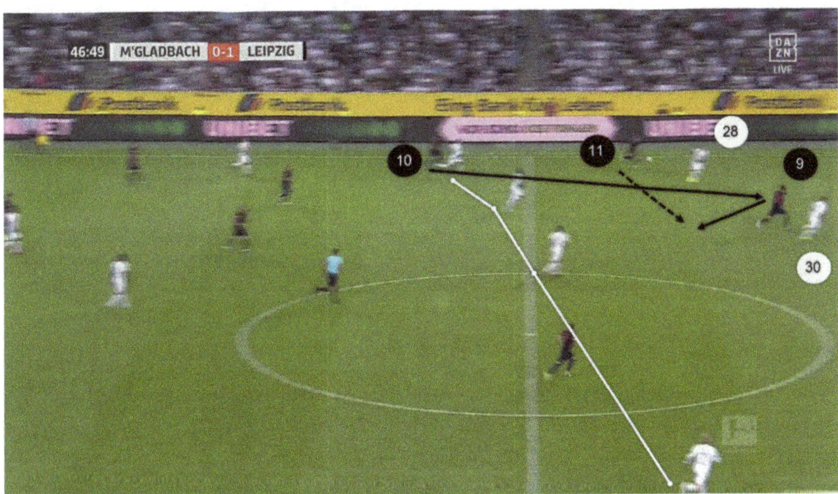

Forsberg (10) busca al delantero centro, Poulsen (9), con un pase largo. El movimiento hacia afuera del delantero arrastra al central izquierdo (30) y genera el espacio para el ataque en diagonal (por el pasillo que se genera entre líneas) de Werner (11).

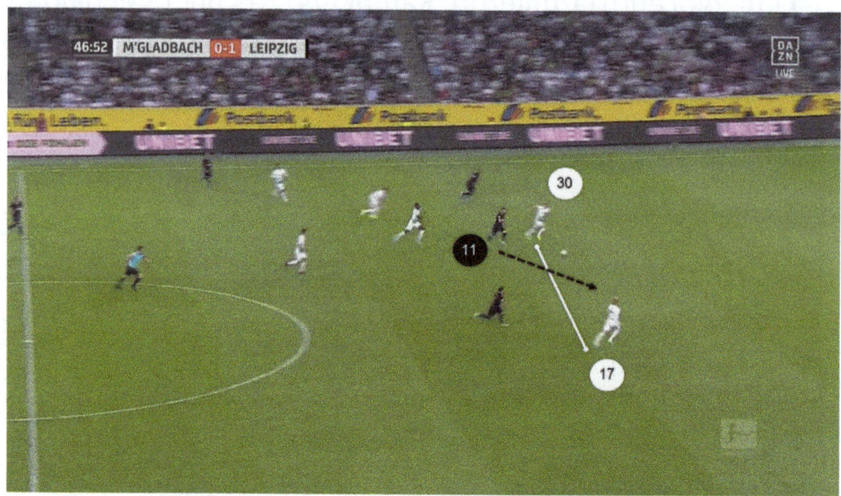

La velocidad y potencia que lleva Werner (11) con su conducción en diagonal, perfora el intervalo entre central (30) y lateral izquierdo (17), logrando quedar mano a mano con el portero.

SITUACIÓN 2: desmarque - concentración

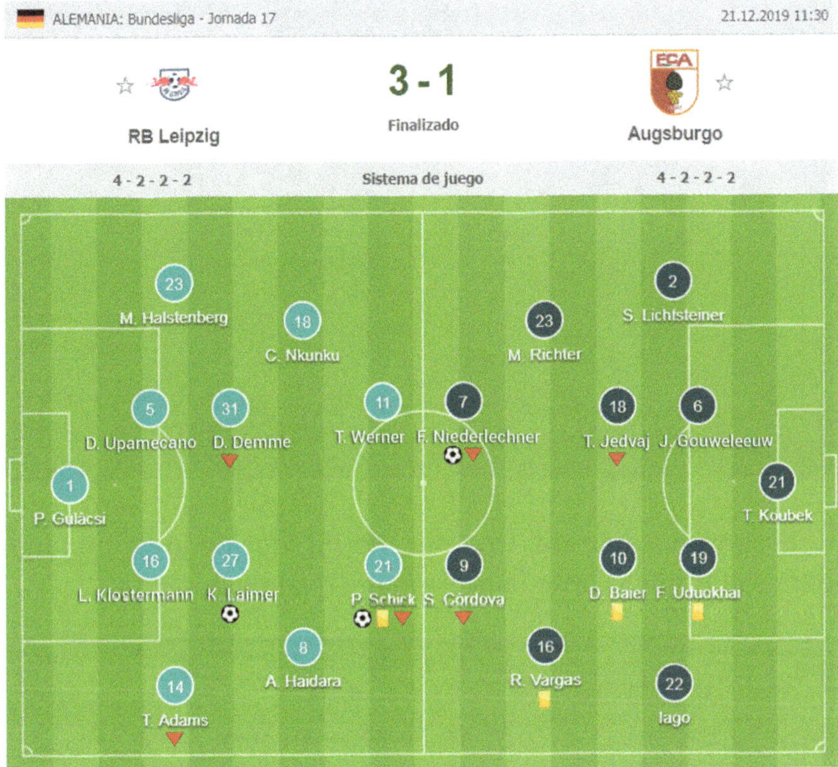

ANÁLISIS DE LA SITUACIÓN

El central izquierdo, Upamecano (5), decide jugar en largo para saltar líneas ante la presión del rival en la salida.

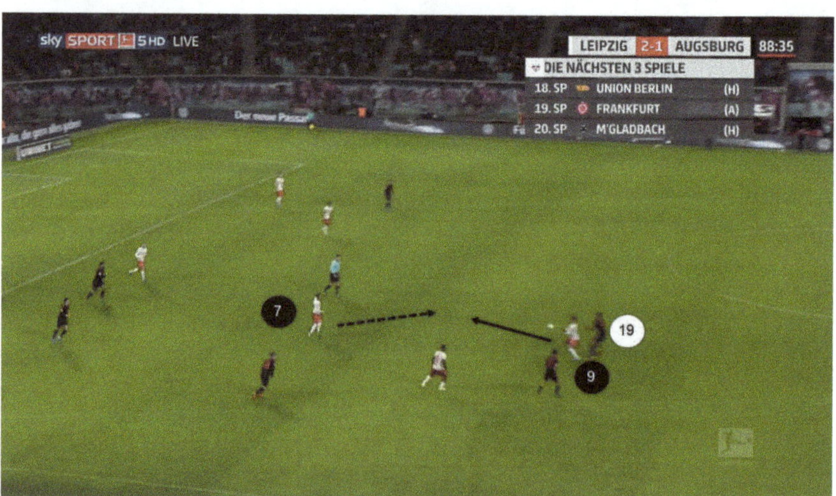

El envío largo de Upamecano (5) encuentra al delantero centro, Poulsen (9), quien sirve de apoyo para descargar al "hombre libre": Sabitzer (7).

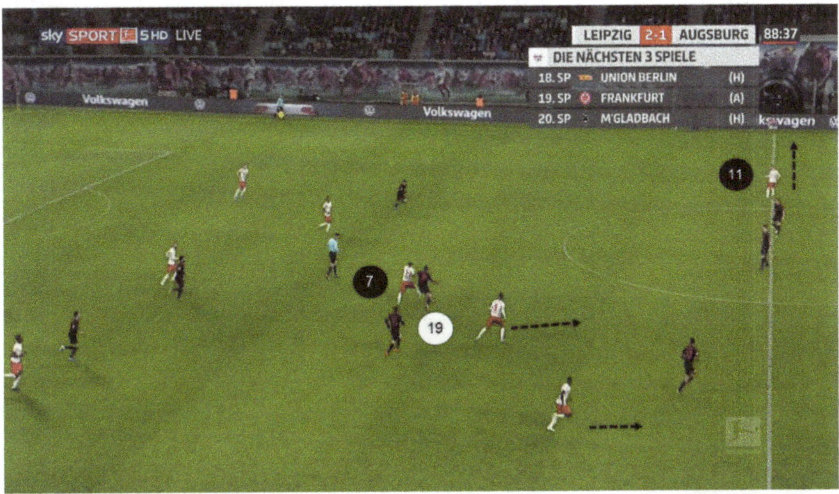

Mientras Sabitzer (7) disputa el balón con el central izquierdo (19), el delantero centro Werner (11) se desmarca, cuidando de no quedar en fuera de juego.

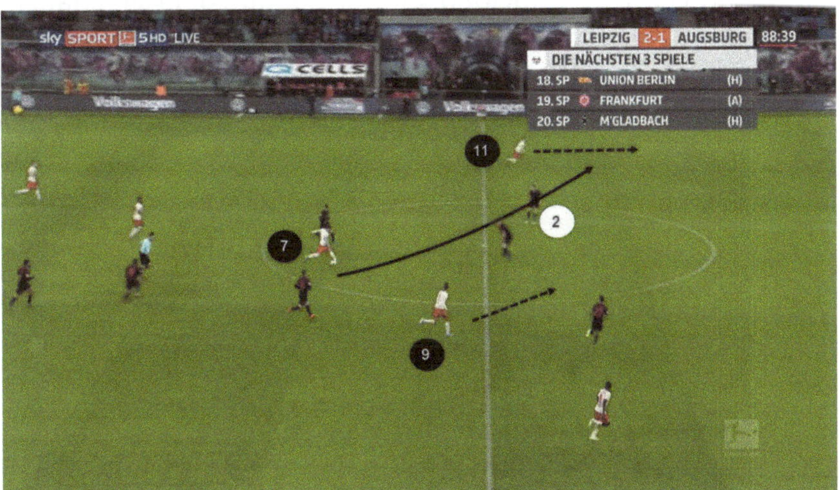

Sabitzer (7) ganó el duelo con el central y asiste a Werner (11), quien ya se encuentra desmarcado y de frente a la portería para atacar el espacio. La preparación previa del movimiento que realiza el delantero alemán, más la concentración para no quedar en fuera de juego en ningún momento de la jugada, es la clave para que el ataque progrese.

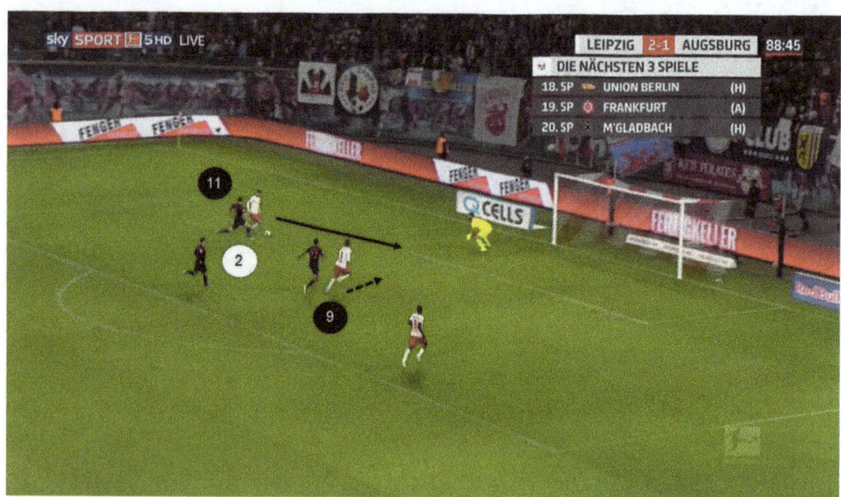

La mayoría de los duelos que gana Werner (11) por la banda son gracias a su velocidad y potencia, que deja sin chances a su marca [en este caso el lateral (2)] cuando está lanzado a la carrera y con espacios. También sabe desempeñar el rol de asistidor y se aprecia en la finalización de la jugada: pese a estar bien perfilado para definir, prefiere asistir a Poulsen (9), quien llega libre para marcar.

CAPÍTULO 4

ATALANTA B.C. - GIAN PIERO GASPERINI

> *"Usaré un proverbio chino del 500 AC [del Arte de la Guerra]: 'Defender te hace invencible, pero si quieres ganar, debes atacar'".*
>
> **Gian Piero Gasperini.**

INTRODUCCIÓN

Sistema de juego habitual: utilizado el 65% de los partidos

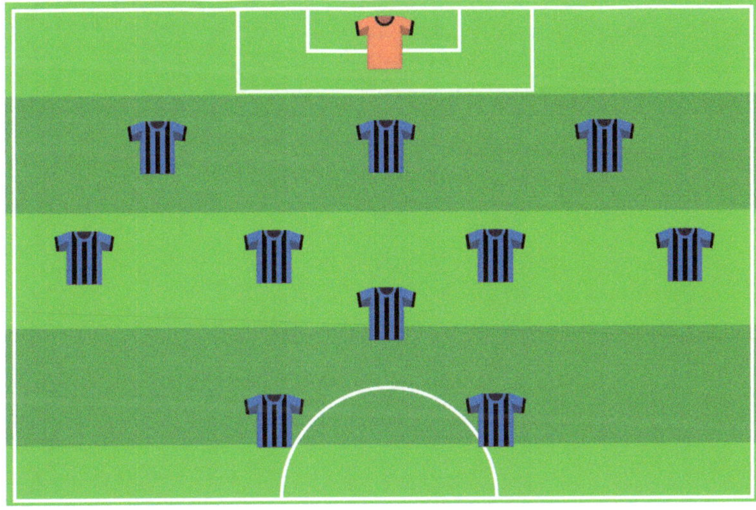

1-3-4-1-2

PROGRESIÓN DESDE LA ZONA DE INICIO

SITUACIÓN 1: elaborar por un sector para progresar por el opuesto

ANÁLISIS DE LA SITUACIÓN

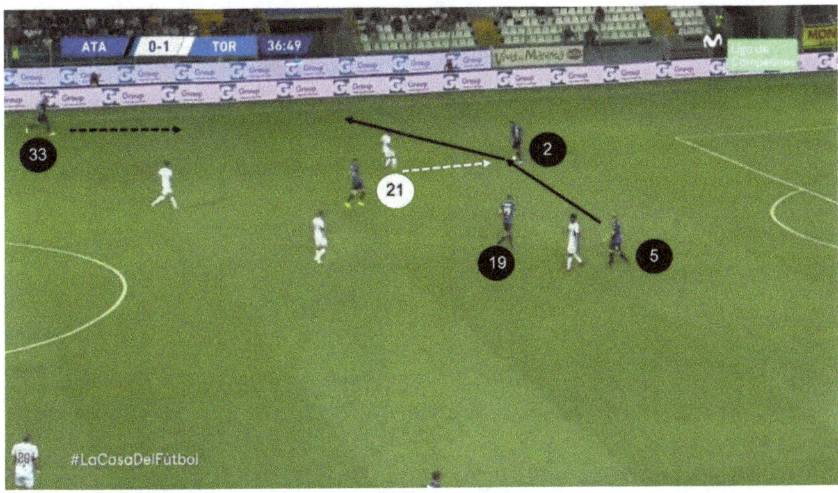

El portero Pierluigi Gollini amaga con salir en largo en el saque dc meta y juega en corto con el central izquierdo, Andrea Masiello (5), que prolonga el juego para el central derecho Rafael Toloi (2) y este busca asociarse con el lateral derecho Hans Hateboer (33).

El rival realiza un marcaje individual, por lo que la rápida circulación y la movilidad serán claves para atacar los espacios que irá dejando el oponente.

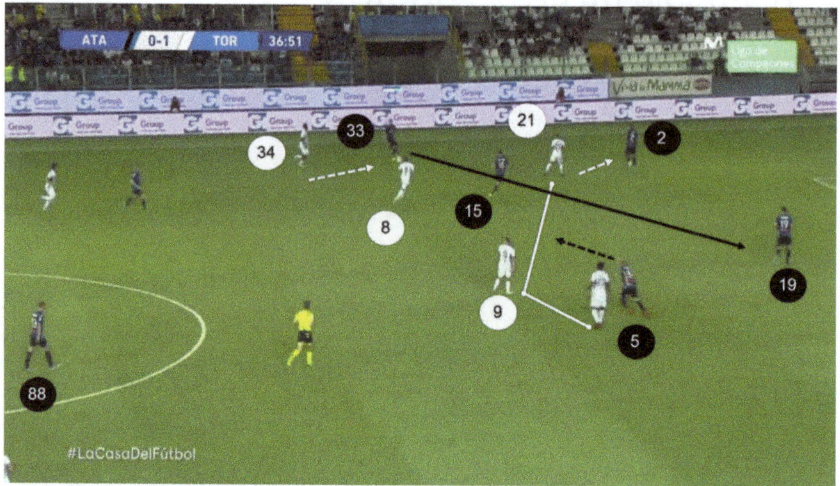

El lateral adversario (34) salta a acosar a Hateboer (33) y este juega hacia atrás con el defensor central, Berat Djimsiti (19), quien recibe libre al no estar siendo presionado por su par oponente (9). Masiello (5) se mueve hacia dentro y libera el carril opuesto.

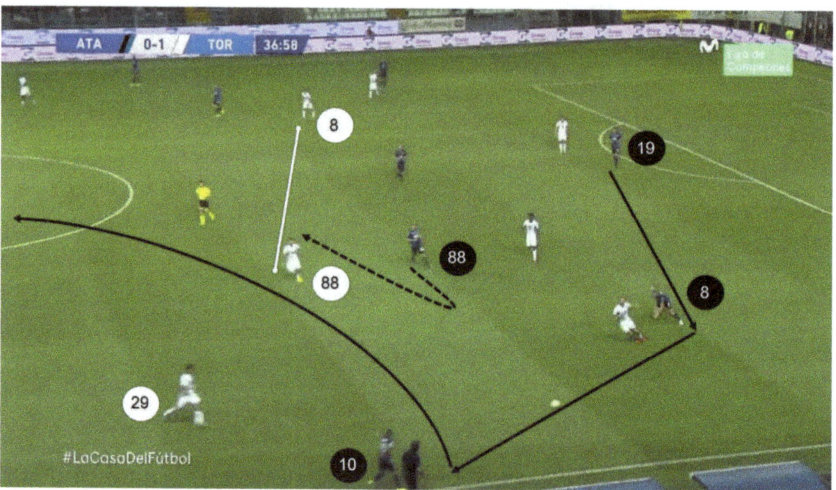

Djimsiti (19) juega con el lateral izquierdo, Robin Gosens (8), que retrocedió para ocupar el espacio y ofrecerse como opción de pase. El enlace, Alejandro Gómez (10), también desciende por la banda así el equipo no salta líneas y aprovecha la presión individual del contrario.

Mario Pašalić (88), mediocentro izquierdo, intentará ganarle la espalda a su marcador (88), atacando el intervalo estirado entre rivales.

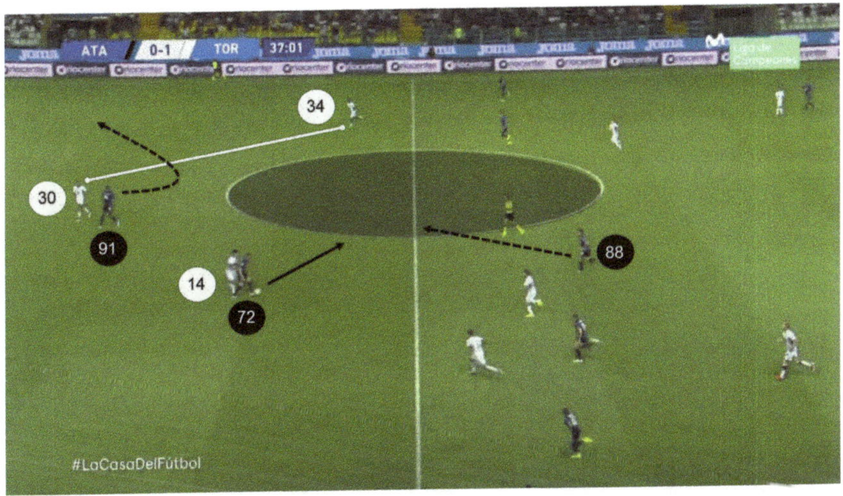

Gómez juega hacia el delantero centro, Josip Iličić (72), que sirve de apoyo para encontrar a Pašalić (88), quien explota el espacio generado. El mediocampista conducirá el ataque para asistir al otro delantero centro del equipo, Duván Zapata (91).

El atacante aprovechará el intervalo estirado entre el defensor central (30) y el lateral izquierdo (34) para realizar un desmarque hacia esa zona.

SITUACIÓN 2: utilización del tercer hombre - permuta en salida

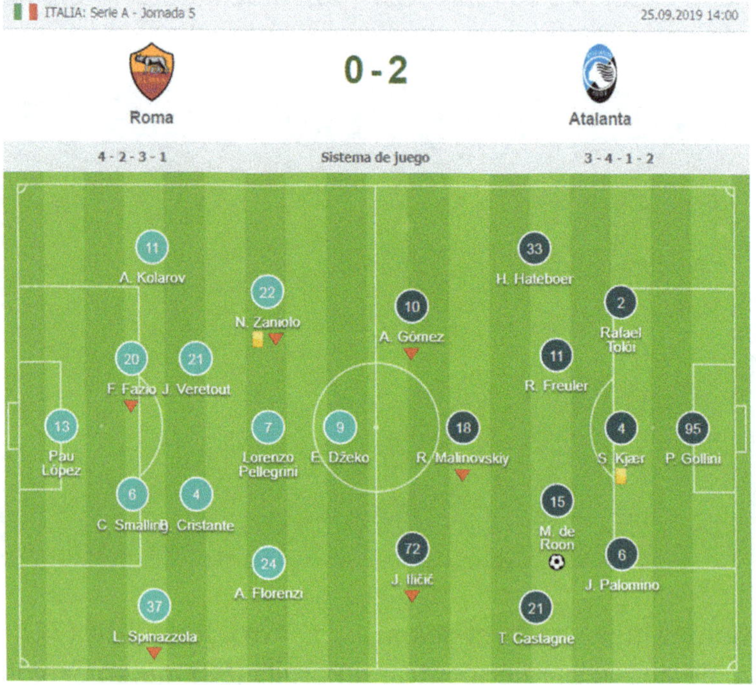

ANÁLISIS DE LA SITUACIÓN

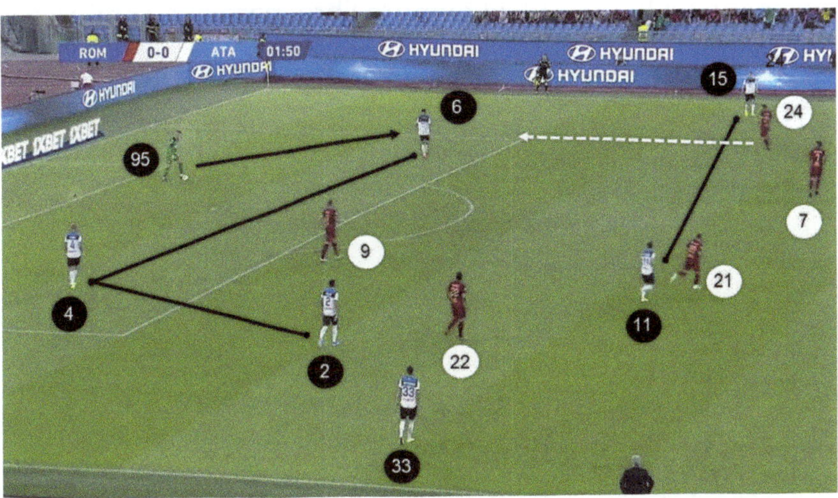

El conjunto de Gasperini mueve el balón de derecha a izquierda buscando que un rival salte para de esa forma encontrar al hombre libre. Quien salta al acoso sobre el central izquierdo, José Palomino (6), es el extremo derecho (24) que suelta a Marten de Roon (15), mediocentro izquierdo, que ocupa el espacio del lateral.

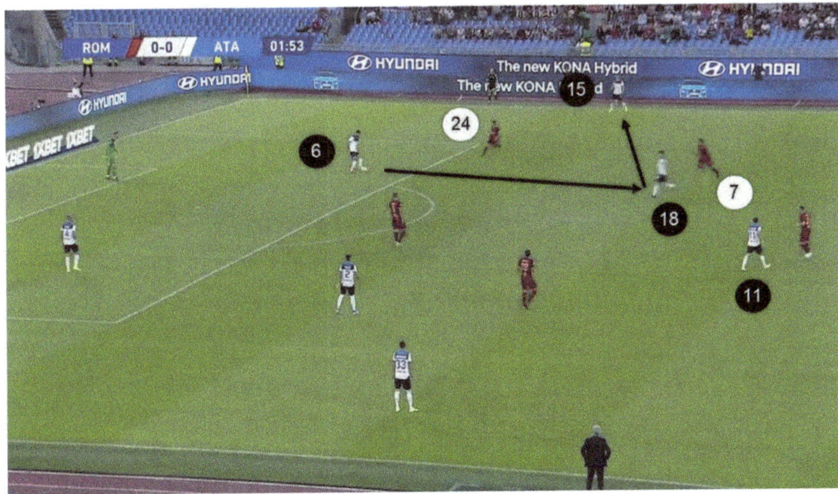

Palomino (6) logra conectar con el enlace, Ruslan Malinovskyi (18), que realiza un desmarque de apoyo por dentro para jugar con de Roon (15), el hombre libre, para que conduzca la salida.

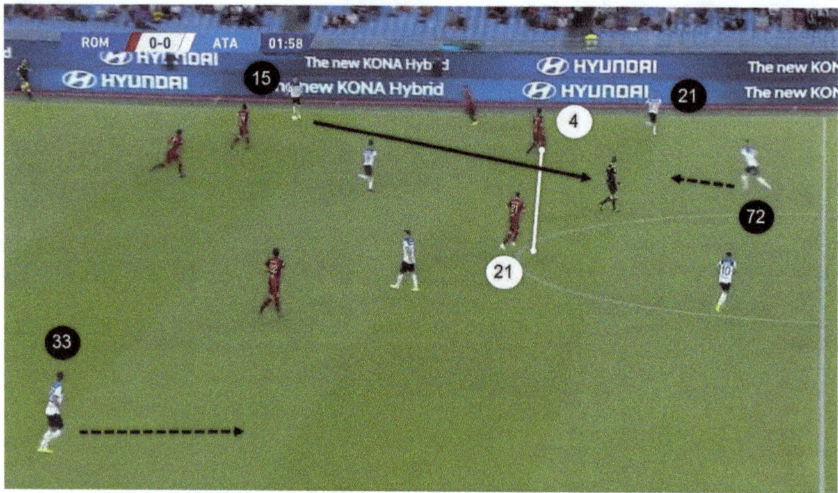

De Roon (15) encuentra una línea de pase, a espaldas del doble pivote rival, con el delantero centro Iličić (72), quien desciende para ofrecerse como apoyo. El lateral derecho, Hateboer (33), comienza su proyección por el carril opuesto, preparándose para un posible cambio de frente.

Iličić (72) logra ponerse de frente al ataque y cambia de orientación con un pase hacia el lateral derecho (33).

Salir jugando desde el campo propio es una búsqueda por querer llegar al campo rival dominando las distintas fases del juego (con y sin pelota). Teniendo en cuenta la disposición táctica del oponente y el tipo de presión que realiza (marcación individual o en zona), el equipo orientará la salida de cierta forma para que el adversario salga al acoso y se vayan liberando espacios cercanos, intermedios o profundos. La gestión (cómo ocupo un espacio) que realice el equipo en torno a la relación del tiempo (cuándo lo ocupo) y espacio (qué espacio genero), le dará soluciones para ir encontrando al hombre libre e ir progresando en el campo de juego.

ATAQUES: PROGRESIÓN Y FINALIZACIÓN

SITUACIÓN 1: ataque con participación de laterales - entrar y salir – triangulaciones - amplitud

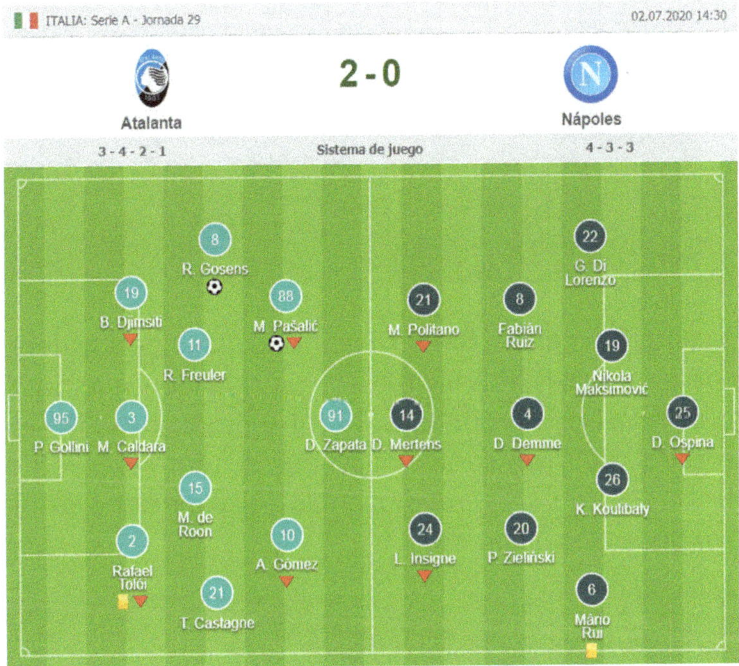

ANÁLISIS DE LA SITUACIÓN

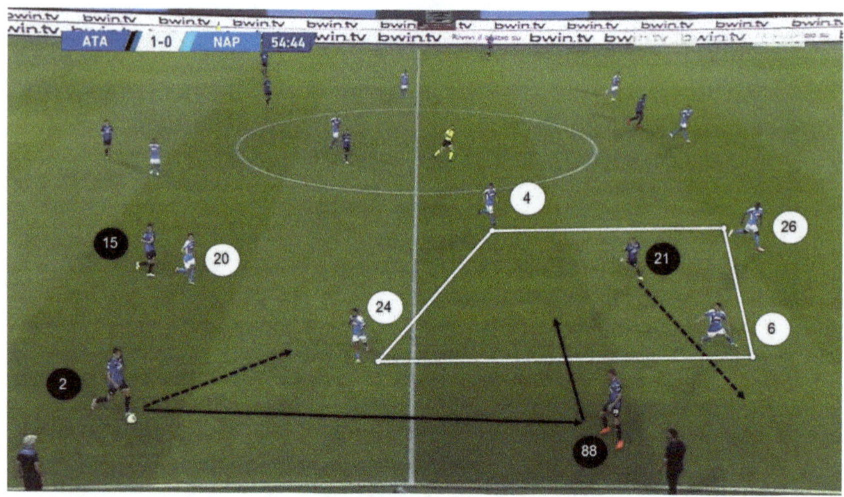

El central derecho, Rafael Tolói (2), toca hacia afuera con uno de los enlaces, Pašalić (88), y pasa por dentro a buscar la devolución. El lateral derecho, Timothy Castagne (21), sale del "cuadrado" del rival conformado por el lateral izquierdo (6), central izquierdo (26), mediocentro (4) y extremo izquierdo (24) para ocupar la banda.

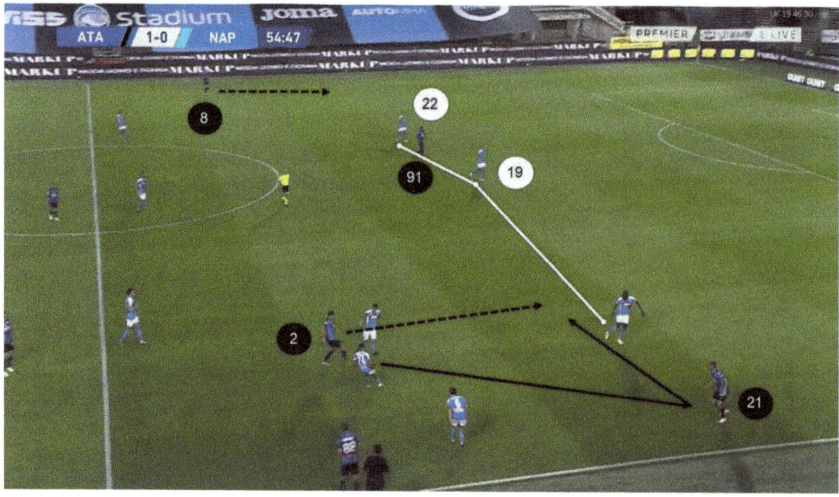

Tolói (2) juega a un toque con Castagne (21) y sigue con su proyección, aprovechando los espacios que va dejando el adversario. El delantero centro, Zapata (91), se coloca entre el central derecho (19) y el lateral derecho (22), fijando a ambos. El lateral izquierdo, Gosens (8), comienza a ganar altura por el lado opuesto.

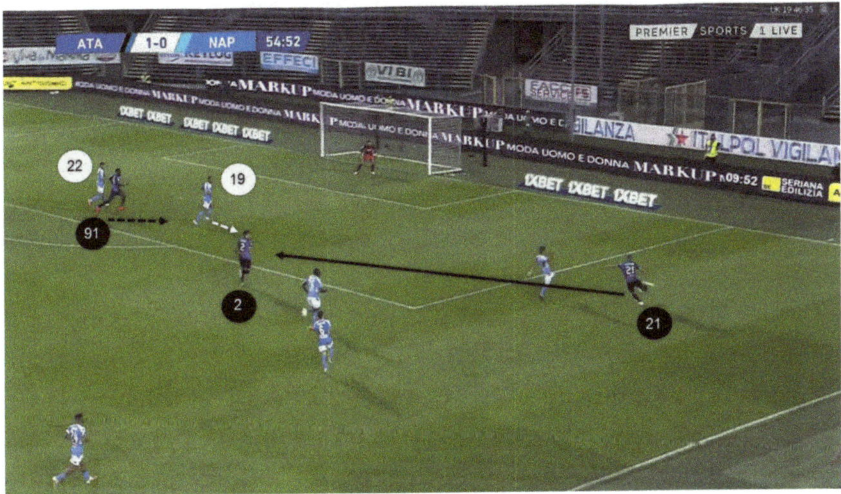

Atalanta llega, en principio, tras una doble pared entre Tolói (2) y Castagne (21), a la zona de definición en igualdad numérica frente a un oponente que bascula hacia la zona: el central derecho (19) cierra sobre Tolói (2) y el lateral derecho (22) sobre Zapata (91).

El centro atrás es conectado por Tolói (2) y su remate encuentra a Gosens (8), quien llega por el sector opuesto, sin marca, para definir el ataque. Tal vez el central no tuvo la intención de asistir a Gosens (8) con ese disparo, pero se puede apreciar la importancia de la proyección de los laterales para darle amplitud y profundidad al equipo de Gasperini.

Hay zonas que se ocupan (o se van a ocupar) que son muy difíciles de defender para los equipos. Ante un rival que no logra reducir correctamente espacios entre líneas, entre intervalos y que no realiza adecuadamente coberturas a espalda de quien sale a presionar al posible receptor, el jugador que se posicione o vaya a posicionarse en el centro de esos "cuadrados" o entre el intervalo de dos jugadores, generará ventajas al equipo en posesión del balón e incertidumbres al conjunto que intenta defender.

SITUACIÓN 2: ataque con participación de medio-campistas - jugar entre líneas - llegar a la zona de definición

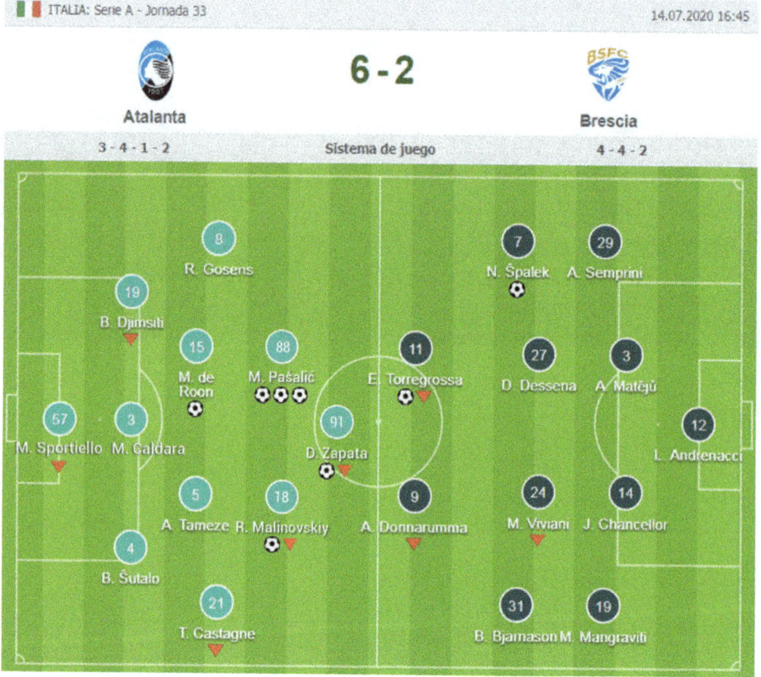

ANÁLISIS DE LA SITUACIÓN

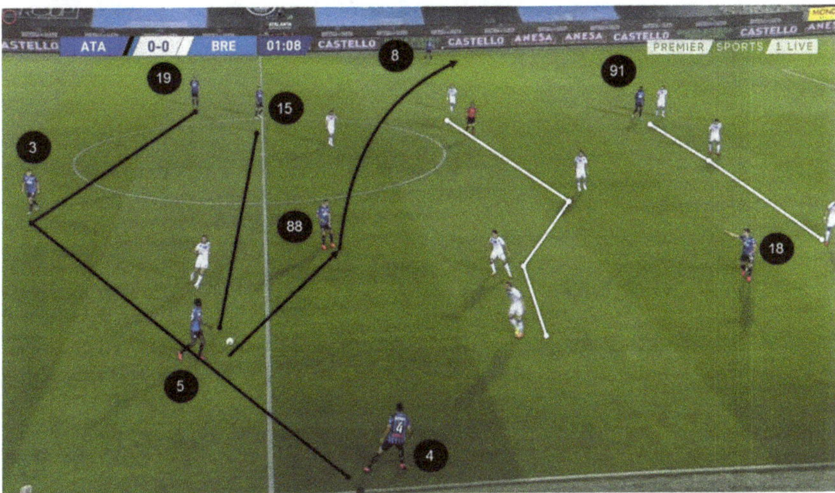

La movilidad y las permutas ofensivas son una característica en el equipo de Gasperini. El mediocentro derecho, Adrien Tamèze (5), desciende para soltar al central derecho, Boško Šutalo (4), y quien se ofrece como apoyo en la zona de elaboración es Pašalić (88), que ocupa el rol de enlace para este partido. El mediocampista recibe el balón y busca al lateral izquierdo, Gosens (8), con un cambio de orientación.

Con el juego volcado hacia un sector y con el rival basculando hacia esa zona, Atalanta vuelve a cambiar de orientación. El central izquierdo, Djimsiti (19), conecta con el mediocentro izquierdo, De Roon (15), y este con Tamèze (5). Pašalić (88) y Malinovskyi (18), el otro enlace del equipo, se ubican entre líneas para generar un circuito de pases que logre superar al rival.

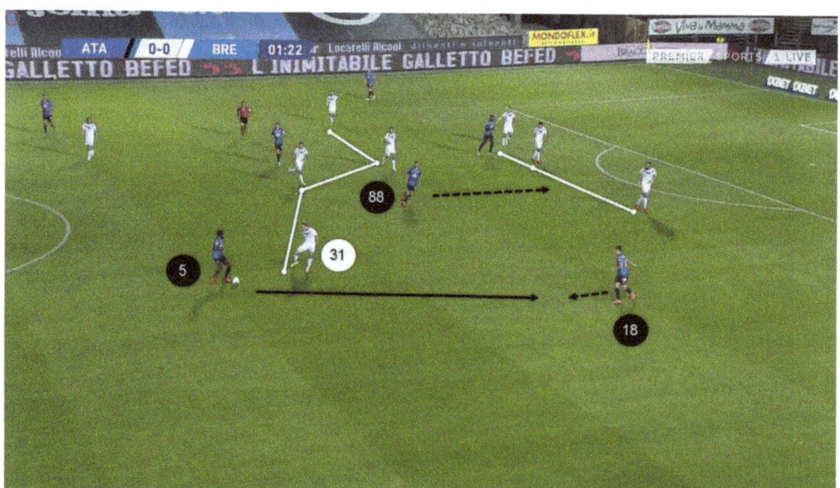

Tamèze (5) encuentra una línea de pase con Malinovskyi (18), que se corrió unos metros para ubicarse al costado del extremo izquierdo adversario (31) y así poder recibir libre y perfilado. Pašalić (88) ya comienza la carrera para atacar a la última línea oponente.

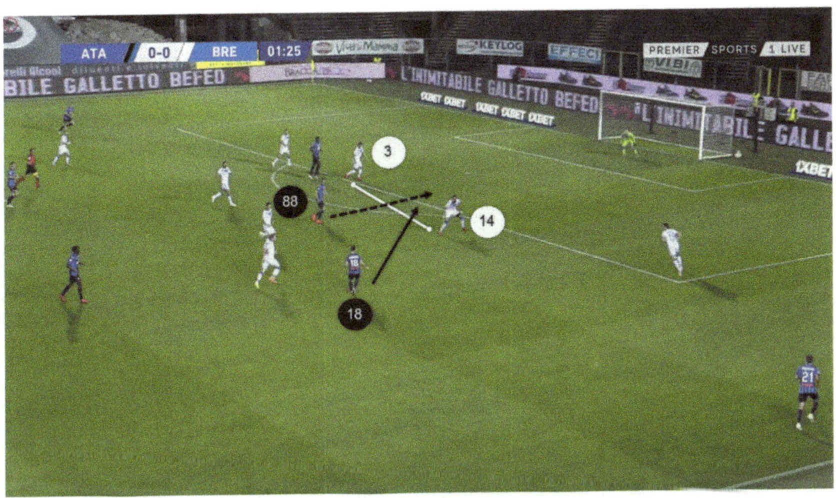

Malinovskyi (18) controla, conduce y asiste a Pašalić (88), que llega a la zona de definición atacando el intervalo entre los defensores centrales (14 y 3).

SITUACIÓN 3: ataque con participación de delanteros. Desmarques de apoyo y de ruptura

ITALIA: Serie A - Jornada 9 27.10.2019 11:00

Atalanta 7 - 1 Udinese

3 - 4 - 1 - 2 Sistema de juego 3 - 5 - 2

Atalanta: 95 P. Gollini; 19 B. Djimsiti; 4 S. Kjær; 2 Rafael Tolói; 21 T. Castagne; 88 M. Pašalić; 15 M. de Roon; 33 H. Hateboer; 10 A. Gómez; 9 L. Muriel; 72 J. Iličić

Udinese: 1 J. Musso; 50 Rodrigo Becão; 5 W. Troost-Ekong; 4 N. Opoku; 12 K. Sema; 38 R. Mandragora; 8 M. Jajalo; 10 R. De Paul; 3 Samir; 15 K. Lasagna; 7 S. Okaka

ANÁLISIS DE LA SITUACIÓN

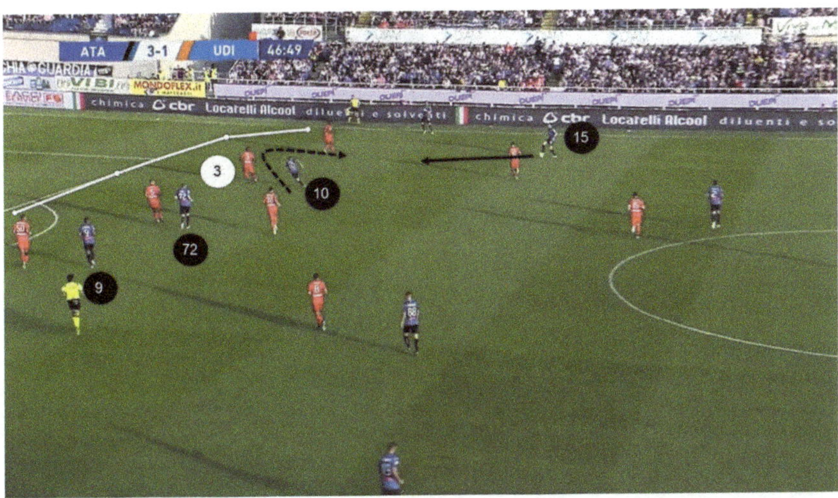

El rival se defiende en bloque bajo con un esquema 1-5-3-1, tras la expulsión de uno de sus jugadores. Atalanta intenta mover al adversario fijando a la línea defensiva con el enlace, Gómez (10), y los delanteros centro, Iličić (72) y Muriel (9), para fabricar espacios de recepción delante de ella. El medio-centro derecho, De Roon (15), detecta el desmarque de apoyo de Gómez (10) para recibir libre y, por eso, toca con el enlace.

Gómez (10) recibe alejado de su marca (3) y se asocia con Iličić (72), que también retrocede para asociarse y recibir libre.

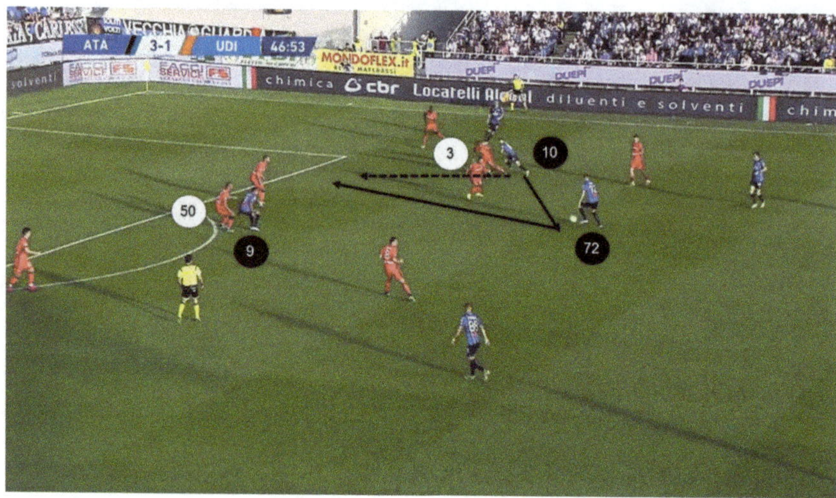

Iličić (72) utiliza dos toques, uno para controlar y otro para devolver la pared, permitiéndole a Gómez (10), con un desmarque de ruptura, alejarse nuevamente del defensor (3).

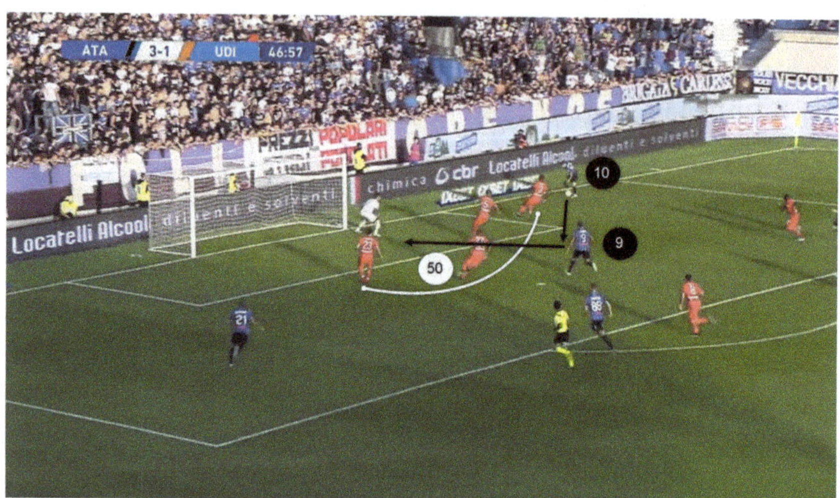

Gómez (10) logra desbordar y enviar el centro atrás, encontrando a una línea defensiva que retrocede sin tomar referencias. Luis Muriel (9) ataca libre la zona del primer palo para definir el ataque de Atalanta.

Cuando se habla de “acelerar” el juego se hace referencia a los gestos técnicos que permiten imprimirle un cambio de ritmo a la jugada. Perfiles, controles y pases que produzcan ventajas en la progresión del ataque. También hay gestos tácticos como desmarques, desdobles y permutas que complementan la idea de “aceleración”.

ORGANIZACIÓN DEFENSIVA

SITUACIÓN 1: presión tras pérdida - cercanos presionan y alejados reducen espacios

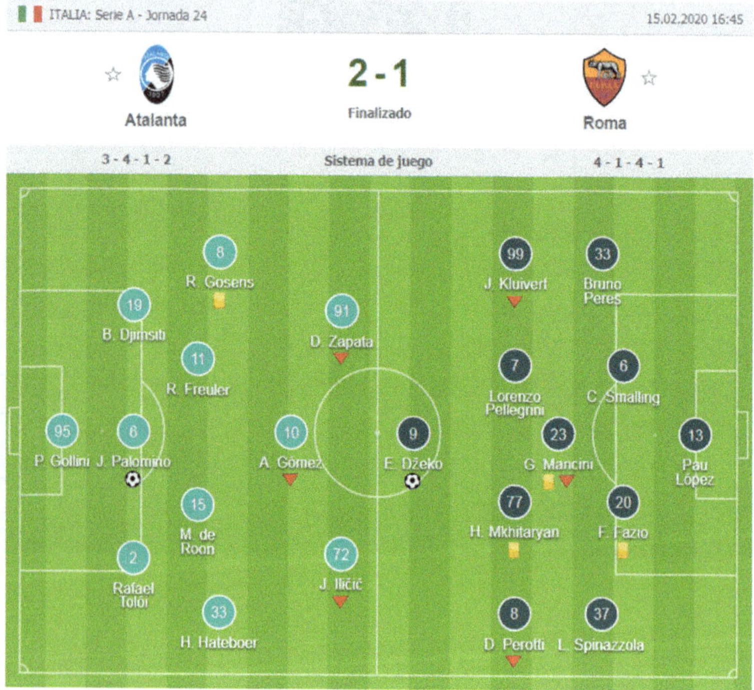

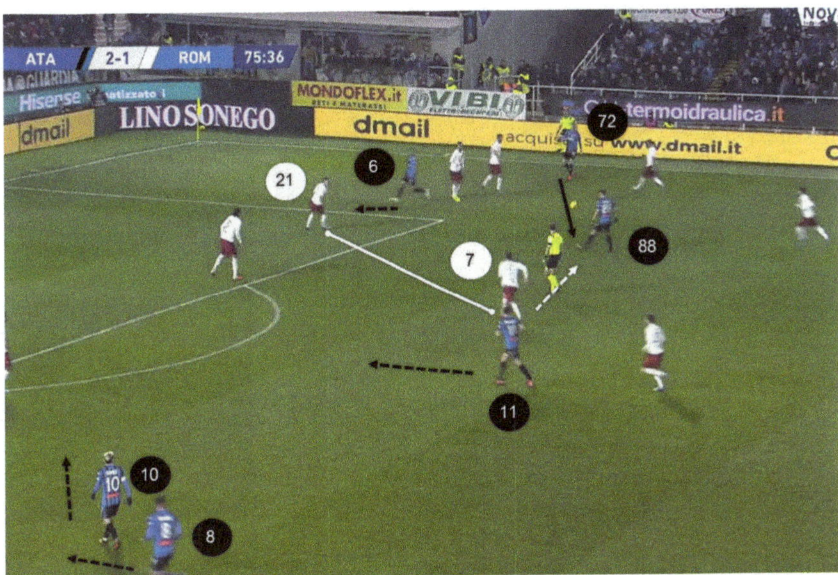

La proyección del defensor central, Palomino (6), arrastra uno de los mediocampistas del rival (21), generando una línea de pase entre el delantero centro Iličić (72) y el enlace Pašalić(88), que había ingresado en el segundo tiempo. El interior derecho adversario (7) detecta ese movimiento y salta a presionar al poseedor. El mediocentro izquierdo, Freuler (11), está por el centro, atento a la evolución del ataque al igual que el enlace Gómez (10) y el lateral izquierdo Gosens (8), por el lado opuesto.

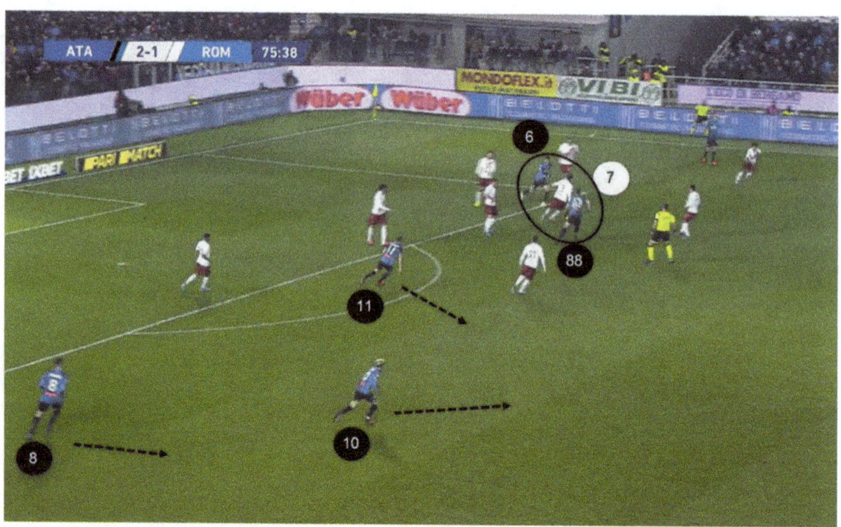

Ante la pérdida, Pašalić (88) y Palomino (6), los jugadores más cercanos, inician el acoso al poseedor (7) mientras que Freuler (11) y Gómez (10) retroceden para reducirle espacio y tiempo a la transición que está iniciando el oponente.

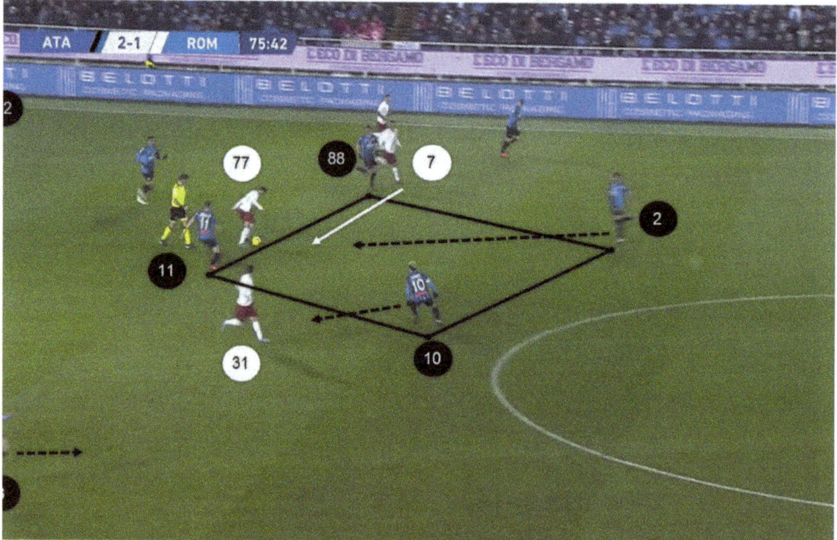

El interior derecho contrario (7) pasa el balón ante el acoso de Pašalić (88). El nuevo poseedor (77) es presionado por

Freuler (11) y Tolói (2), que buscan bloquear la progresión del contrario. Gómez (10) está atento a anticipar el posible pase al extremo (31) e Iličić ya se posicionó como receptor libre frente a la posible recuperación del equipo y así poder iniciar la transición defensa–ataque.

SITUACIÓN 2: presión alta - marcaje individual - orientar la salida

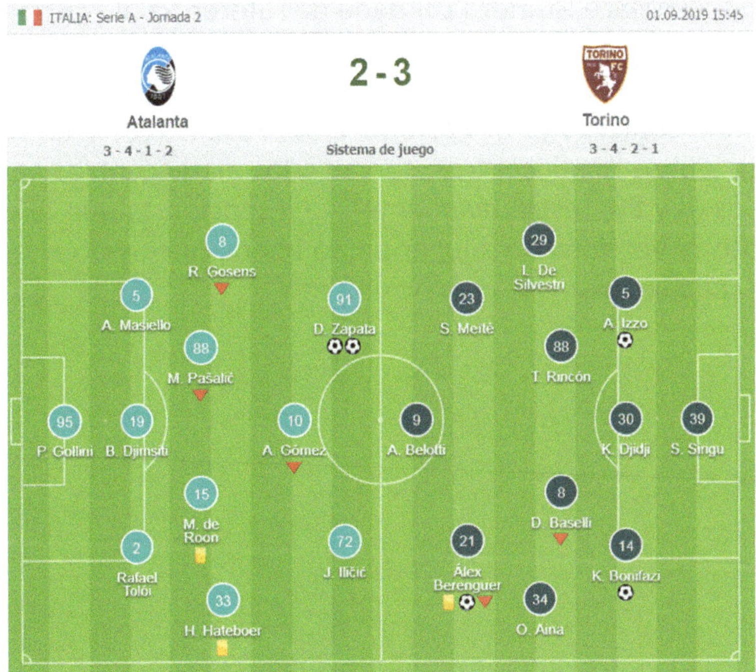

ANÁLISIS DE LA SITUACIÓN

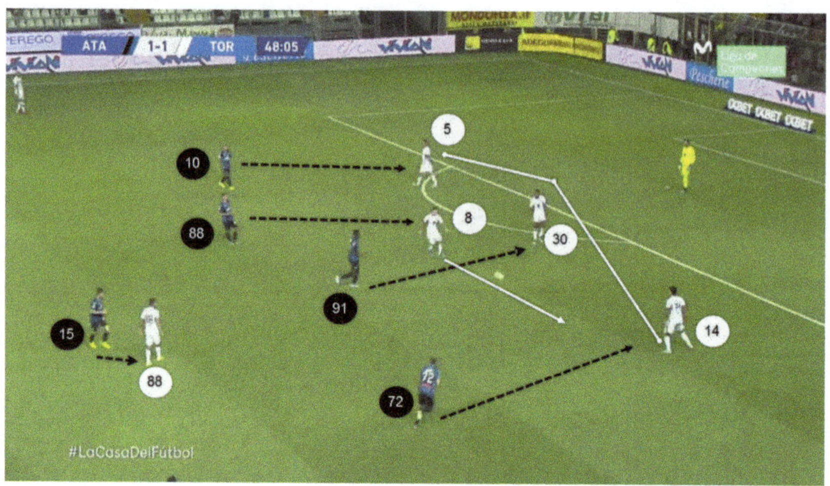

Gasperini plantea marcaciones individuales ante el intento de salida del rival desde su zona de inicio. Ante un planteo 3-4-3, el enlace Gómez (10) tiene de referencia al central derecho (5); el delanteros centro izquierdo, Zapata (91), al defensor central (30); e Iličić (72), delantero centro derecho, al central izquierdo (14). Por otro lado, Pašalić (88) y de Roon (15), ambos mediocentros, toman a los mediocentros adversarios (8 y 88, respectivamente). La intención es que el oponente se vea forzado a jugar por la banda o a jugar en largo, saltando líneas.

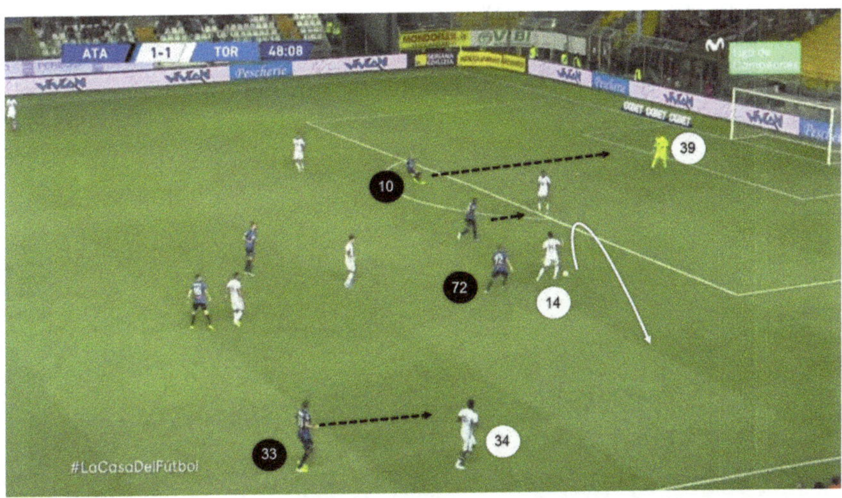

Cuando el central izquierdo (14), ante el acoso de Iličić (72), intenta jugar con el portero (39), se da cuenta de que Gómez (10) se desprendió para salir a presionar al posible receptor. El defensor, ante esta situación, decide llevar el juego hacia la banda donde el lateral derecho, Hateboer (33), ya está vigilando el posible pase al lateral contrario (34).

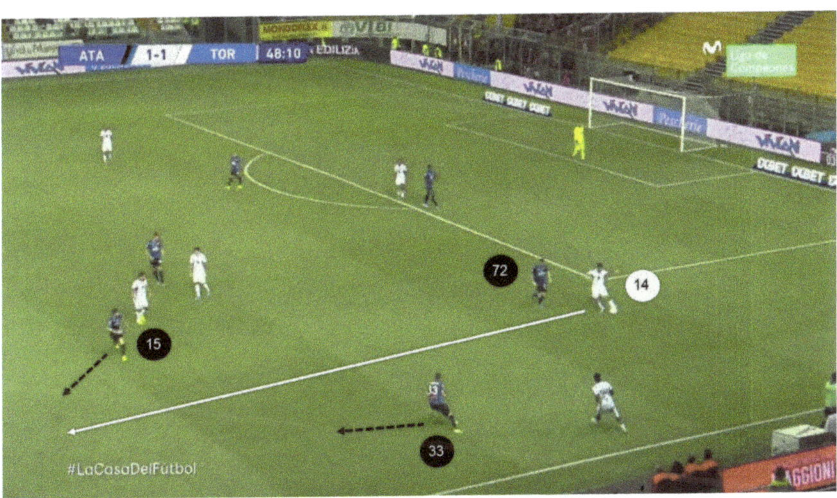

El defensor (14) decide jugar un pase largo. Tanto Hateboer (33) como de Roon (14) abandonan sus marcas y buscan

rodear al receptor del envío.

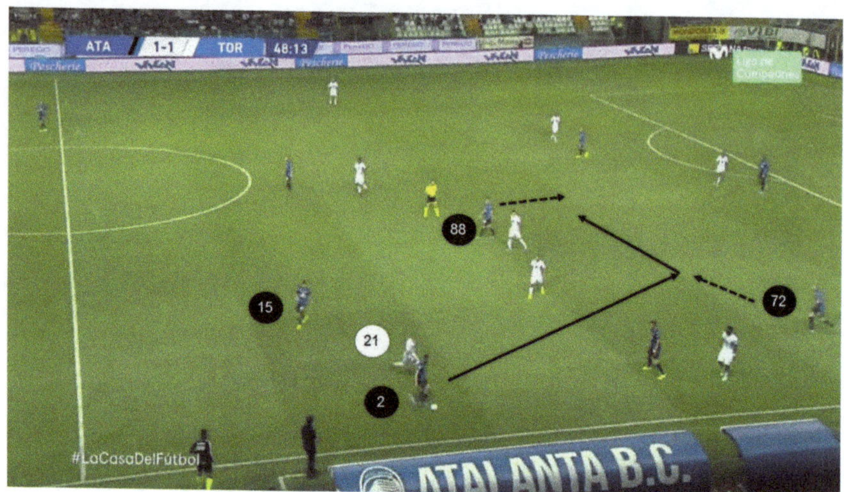

El central derecho, Tolói (2), intercepta el pase hacia el enlace izquierdo rival (21) e inicia la transición defensa–ataque con un pase hacia Iličić (72), quien encuentra libre por el centro a Pašalić (88).

La organización defensiva que establece un entrenador está dada por el tipo de marcaje y la referencia-objetivo que tenga su equipo. Nuno Amieiro, en su libro *Defensa en zona en el fútbol*, establece que en la defensa "individual" la única referencia-objetivo será siempre un mismo adversario mientras que en la defensa "hombre a hombre" la referencia-objetivo será el oponente directo que entre a la zona de un jugador, a su radio de acción. La diferencia trascendental con la marcación en zona es que en esta la referencia-objetivo será la defensa de los espacios (algunos más vitales que otros) donde las referencias serán el balón (el equipo se moverá organizadamente en función de su posición) y los propios compañeros (de forma escalonada para poder realizar coberturas). Con la idea de moverse como un bloque, tratando de reducir tiempo y espacio al rival con el objetivo de poder recuperar la posesión.

Un acercamiento al tipo de defensa utilizado por Gasperini es que Atalanta combina la marcación individual (con referencias preestablecidas) con la marcación al hombre (cada jugador tiene de referencia al rival que juegue en su zona de acción).
La crítica realizada a las marcaciones "al hombre" e "individual" es que son formas "reactivas" de defensa donde el equipo se mueve de forma individual, realizando persecuciones en función de los movimientos del oponente y de esta forma se hace difícil mantener un bloque cohesionado. La defensa "en zona", en cambio, hace que un equipo imponga condiciones de forma colectiva al cerrarle al rival ciertos espacios (donde la marca al adversario es una consecuencia, no un fin en sí mismo), teniendo la posibilidad de gestionarlos mejor al estar organizado tanto para defender el balón cuando lo pierde como para atacar cuando lo recupera (transiciones).

SITUACIÓN 3: presión en bloque medio – persecuciones – doblar marcas

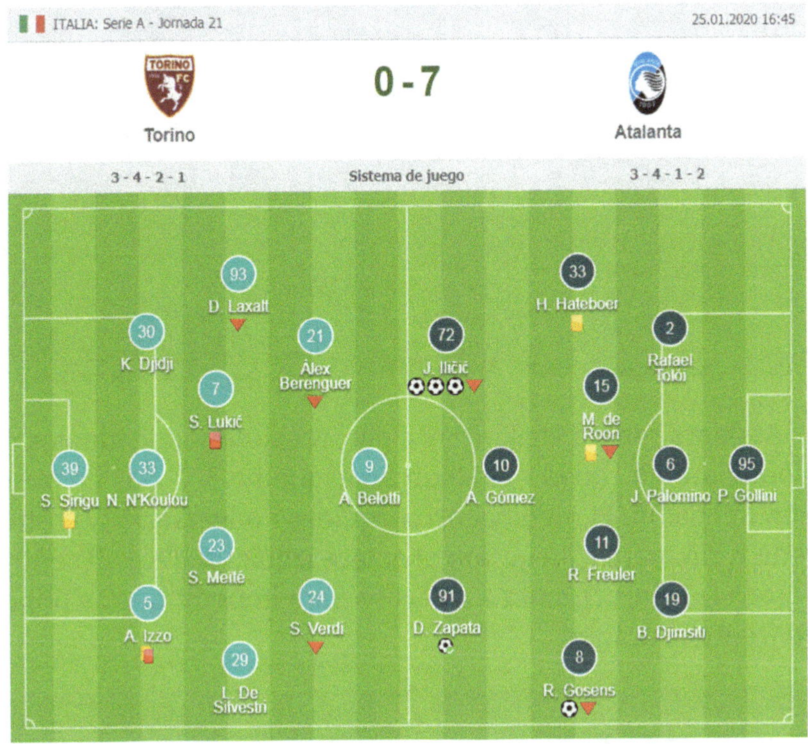

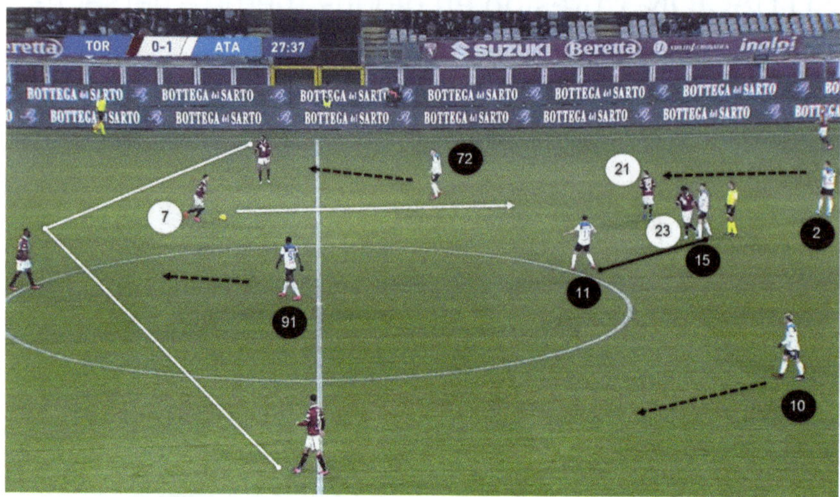

Atalanta realiza vigilancias y persecuciones individuales en bloque medio con el rival (con un esquema 3-4-2-1) en posesión del balón. El mediocentro izquierdo adversario (7) retrocede y, sin marca, juega con el enlace izquierdo (21). El central derecho, Tolói (2), salta a su acoso para impedir que se ponga de frente al ataque.

El enlace izquierdo oponente (21) devuelve el pase hacia atrás debido a la presión de Tolói (2) y del mediocentro derecho de Roon (15). Atalanta produce un doble marcaje en la zona que busca recuperar.

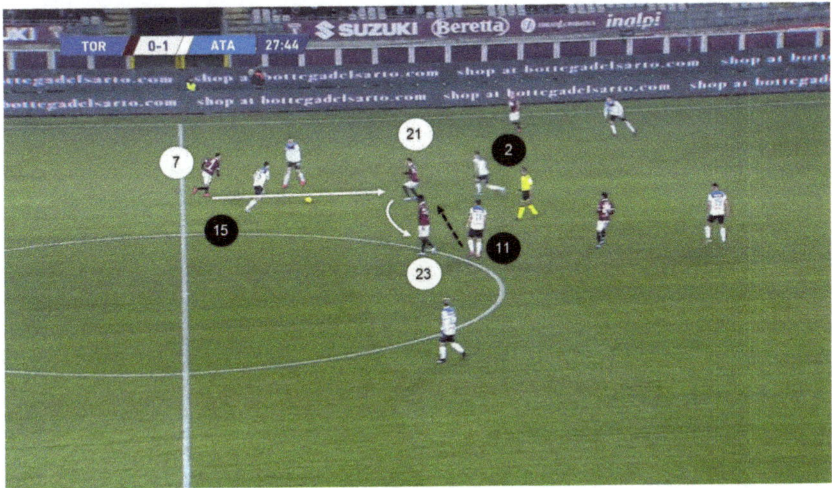

El mediocentro izquierdo (7) nuevamente juega con el enlace izquierdo (21), pero esta vez la situación se modificó: el atacante (21) no tiene un receptor libre porque de Roon (15) persigue al mediocentro ante una posible pared. El enlace (21) decide jugar hacia adentro y en esa zona se encuentra doblado nuevamente. Tolói (2) acosa por detrás y es el mediocentro izquierdo, Freuler (11), quien abandona a su marca (23) para quitarle el balón al rival.

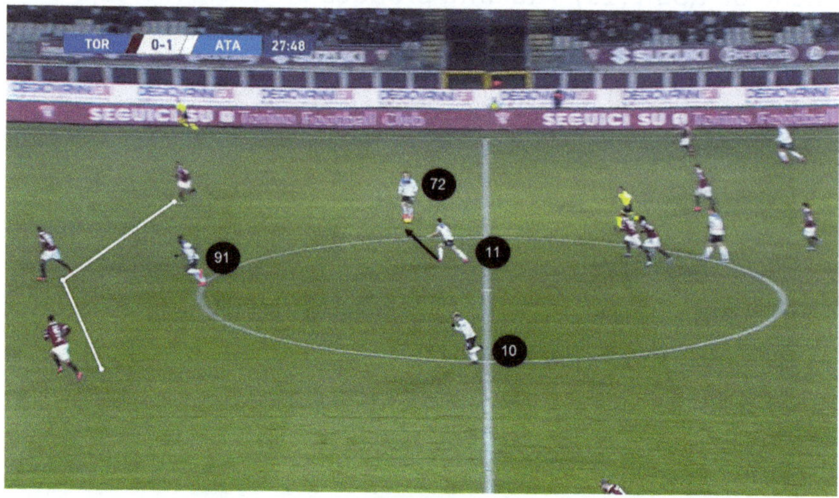

La transición defensa–ataque es favorable al conjunto de Gasperini, que lo encuentra en superioridad numérica (4 contra 3) ante un rival que no estaba preparado frente a una posible pérdida.

SITUACIÓN 4: presión en bloque bajo – persecución – doblaje de marca

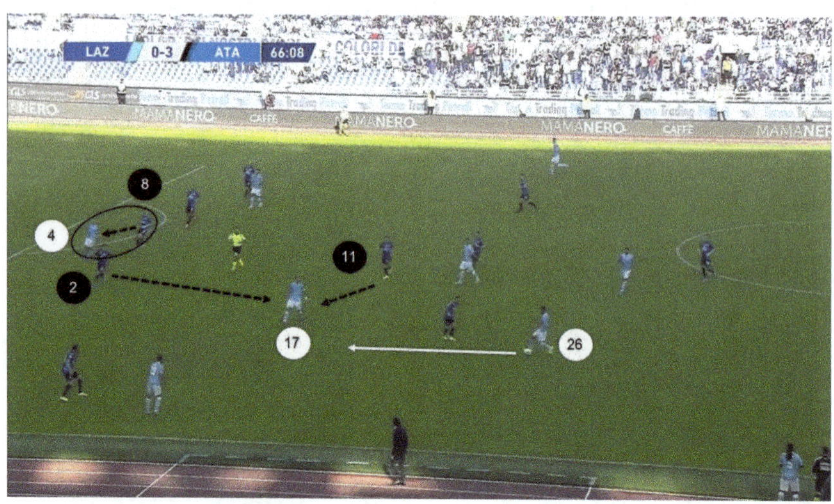

Atalanta se posiciona en bloque bajo ante el progreso del ataque rival (con un esquema 1-3-5-1-1), continuando con la marcación individual en el caso del lateral izquierdo Gosens (8), que sigue el desmarque del lateral derecho adversario (4, ingresado en el segundo tiempo) y el doblaje en la marca en la zona donde quiere recuperar el balón. El central derecho Tolói (2) y el mediocentro derecho Freuler (11) acosarán al delantero centro oponente (17) ante el pase del central izquierdo contrario (26).

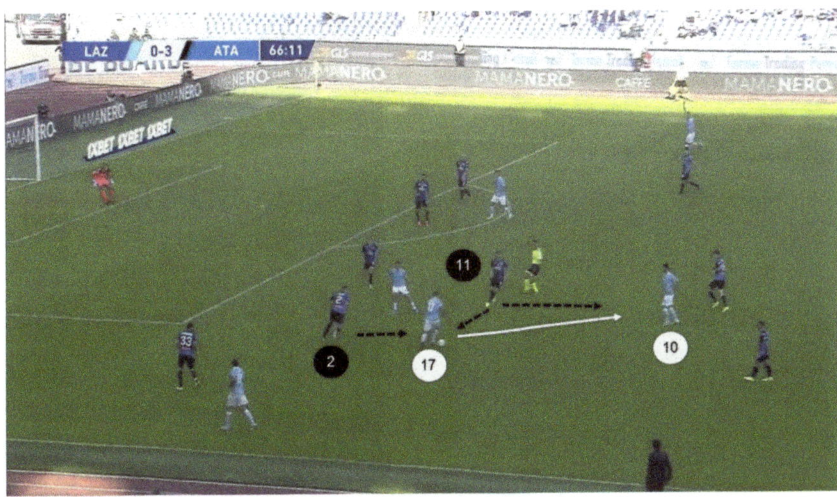

El delantero centro (17), ante el doble acoso, toca hacia el interior izquierdo (10) y es Freuler (11), mediocentro derecho, quien vuelve a tomar a su referencia en la marca.

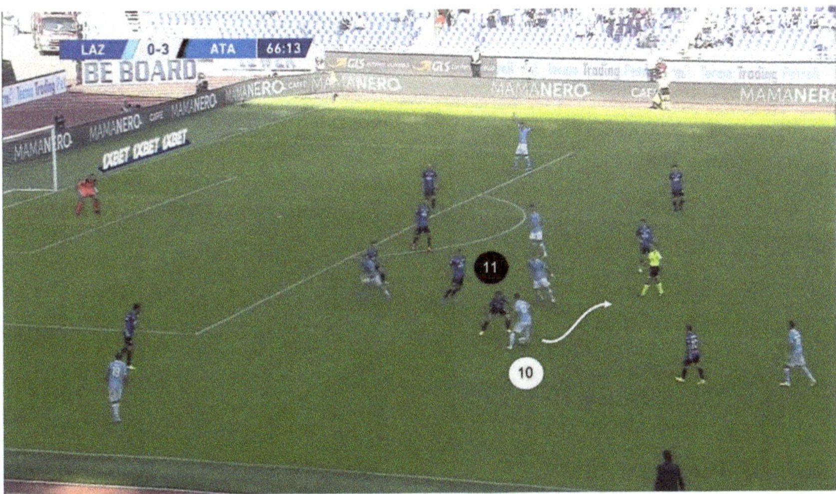

En el duelo individual entre Freuler (11) y el interior izquierdo rival (10), es importante el perfilamiento que realiza el mediocampista de Atalanta: centro de gravedad bajo y ofreciéndole la salida hacia la banda (hacia la pierna inhábil del adversario). El atacante decide conducir hacia dentro.

La conducción hacia dentro del interior izquierdo (10) produce el doblaje en la marca: el delantero centro, Iličić (72), detecta el movimiento del oponente hacia su zona de cercanía y salta a presionarlo para recuperar el balón.

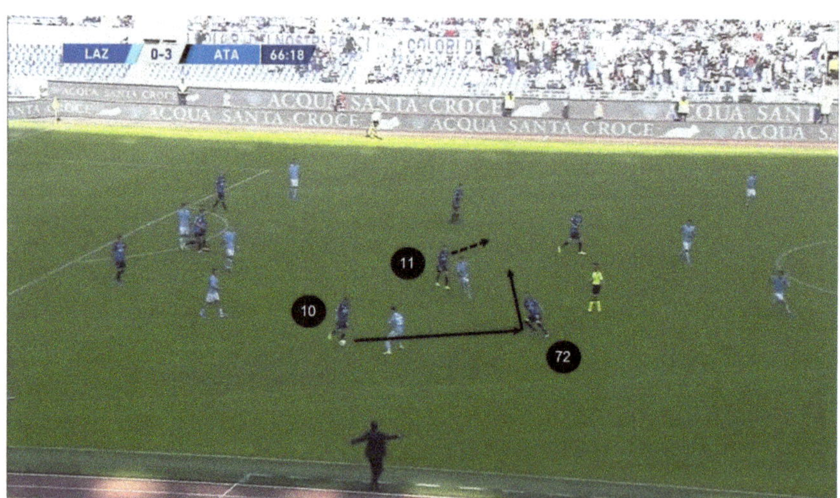

El enlace, Gómez (10), qué había rotado de banda con Malinovskyi, queda en posesión del balón ante el quite de Iličić (72), quien se coloca a espaldas de la presión rival para ser apoyo y descargar hacia Freuler (11), y así consolidar la recuperación y la salida del equipo.

ALEJANDO GÓMEZ: EL REGRESO DEL ENGANCHE

> *"El gesto técnico, que puede ser una gambeta, que es fantástico, que rompe la simetría, crea superioridad numérica y arruina toda la organización y crea estragos en la defensa de los adversarios. En el juego, da impredecibilidad, da aceleración al juego y le gusta tremendamente al público".*
>
> **GIAN PIERO GASPERINI**

SITUACIÓN 1: aceleración, gambeta y pared

ANÁLISIS DE LA SITUACIÓN

El defensor central Palomino (6) toca con Gómez (10), que retrocedió buscando el espacio para recibir libre y conducir el ataque.

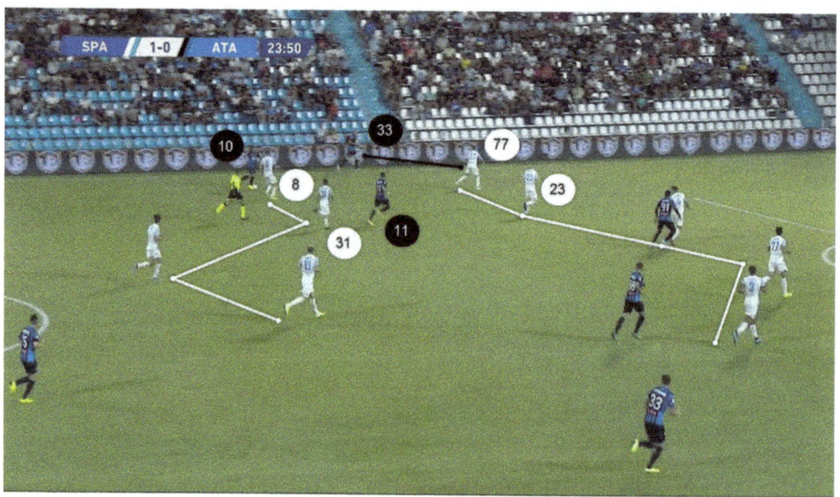

La aceleración le permite a Gómez (10) quitarse la marca del interior derecho rival (8) y atacar el intervalo entre el lateral derecho (77) [fijado por el lateral izquierdo Gosens (8)] y el central derecho (23). El mediocentro izquierdo, Freuler (11), gana altura y se posiciona entre líneas para servir de posible apoyo en la jugada.

Gómez (10) utiliza tanto el recurso de la gambeta para eludir a otro adversario (31) como el de la pared, con Freuler (11), para atravesar el intervalo entre defensores y llegar a la zona de definición.

SITUACIÓN 2: tocar, pasar y asistir

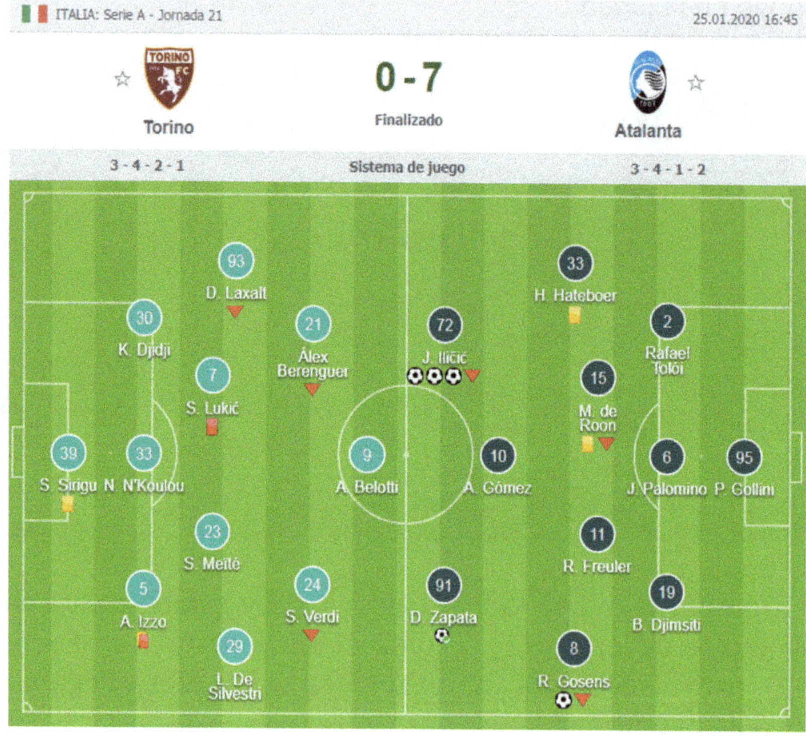

ANÁLISIS DE LA SITUACIÓN

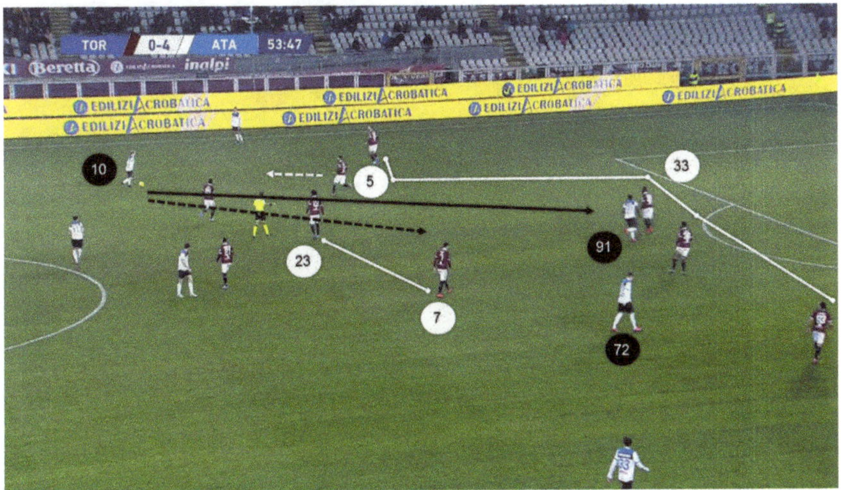

El enlace, Gómez (10), desciende a la banda para recibir y tener panorama de juego frente al bloque bajo del rival (con un esquema 1-3-4-2-1). El central derecho rival (5) salta a presionar al enlace de Atalanta, quien juega con el delantero centro izquierdo, Zapata (91), y pasa a atacar el espacio entre líneas, detrás del doble pivote conformado por los adversarios (23 y 7).

Zapata (91) controla y espera la llegada de Gómez (10). El delantero centro derecho, Iličić (72), está preparado para atacar el intervalo entre central izquierdo (30) y lateral izquierdo (93).

Gómez (10) juega a un toque y logra conectar con Iličić (72) en el momento justo para evitar el fuera de juego del delantero y lo deja mano a mano con el portero.

BONUS LEICESTER CITY

"El míster insiste mucho en que tenemos posibilidades de ser un equipo top, intenta convencernos de ello. En las charlas previas a los partidos incide en que durante los encuentros debemos tener mentalidad de equipo grande (...) He pasado a jugar en un equipo que quiere tener la posesión. El ritmo es más alto también ahora, porque con Rodgers intentamos robar rápido en cuanto la perdemos y para eso no puedes perder la concentración nunca (...) En Leicester los ataques son más variados, más elaborados", dice Ayoze Pérez.

BONUS AJAX

"Aquí, pase lo que pase, la idea es siempre la misma. Creo que vienen así hace 30 años y eso es lo que me impacta. Me genera esa sensación de que es un club escuela donde te enseñan una manera de jugar y obviamente que no tienen la solución del fútbol, pero ellos piensan de esa manera y está muy bueno aprender de todo (...) Es esa tranquilidad que tienes adentro del campo, sabiendo que juegas de visitante o de local y sabes cómo juegas. Eso está muy bueno porque creo que lo mejor que le puede pasar a un jugador es estar tranquilo y tener las cosas claras dentro de la cancha", comenta Nicolás Tagliafico.

BONUS LEIPZIG

"Creo que con nuestro juego de presión y pases necesitamos ser versátiles. Necesitamos poder jugar en muchas posiciones diferentes y ser capaces de cambiarlas a lo largo de un partido. Eso es muy importante en nuestro sistema. Cuando presionamos, generalmente, intercambiamos posiciones. Eso es lo que nos hace destacar. Tenemos jugadores versátiles, incluyéndome, y esa es la fortaleza de nuestro equipo, que nos hace impredecibles", afirma Timo Werner.

BONUS ATALANTA

"Quiere (Gasperini) incluso que los defensores arriesguen un pase interno, que filtren líneas. Y, claro, a nosotros en ataque nos da toda la libertad. Pero eso va en mí: yo sé que tengo que arriesgar. La gambeta es lo mío. Y yo sé que haciéndolo rompemos líneas. Si yo me saco un tipo de encima se abre un mundo (...) Nosotros sabemos que arriesgamos el contragolpe del rival. Pero eso nos da más beneficios que problemas. Por eso marcamos tantos goles. Preferimos arriesgar de esa manera y no estar todos metidos atrás, no ver la pelota jamás, esperar una situación de contragolpe".[xii] ALEJANDRO GÓMEZ

REFERENCIAS

[i] Canal ESTO ES PREMIER. (16 de mayo de 2019). Entrevista a Brendan Rodgers. [Archivo de Vídeo]. Youtube. https://www.youtube.com/watch?v=Pfl2mgrnBlo

[ii] Rodgers, B. (2019). "Vardy can be my Suárez". Recuperado el 14 de marzo de 2019, de Sky Sports website. [Archivo de Vídeo]. https://www.skysports.com/watch/video/sports/football/11665306/rodgers-vardy-can-be-my-suarez

[iii] Canal AFC Ajax (02 de febrero de 2020). Entrevista a Erik ten Hag. [Archivo de Vídeo]. Youtube. https://www.youtube.com/watch?v=yUXW5VjjC8I&t=978s

[iv] Canal AFC Ajax (02 de febrero de 2020). Entrevista a Erik ten Hag. [Archivo de Vídeo]. Youtube. https://www.youtube.com/watch?v=yUXW5VjjC8I&t=978s

[v] Nagelsmann, J. (13 de agosto de 2020). Julian Nagelsmann: "Jugar al primer toque no es lo que más me gusta. Me gusta jugar con dos toques. Mis jugadores no son Messi". Entrevistado por Diogo Pombo para *Tribuna Expresso*. https://tribunaexpresso.pt/entrevistas-tribuna/2020-08-13-Julian-Nagelsmann-Jogar-ao-primeiro-toque-nao-e-a-minha-coisa-preferida.-Gosto-de-jogar-a-dois-toques.-Os-meus-jogadores-nao-sao-o-Messi

[vi] Nagelsmann, J. (13 de agosto de 2020). Julian Nagels-

mann: "Jugar al primer toque no es lo que más me gusta. Me gusta jugar con dos toques. Mis jugadores no son Messi". Entrevistado por Diogo Pombo para "Tribuna Expresso". https://tribunaexpresso.pt/entrevistas-tribuna/2020-08-13-Julian-Nagelsmann-Jogar-ao-primeiro-toque-nao-e-a-minha-coisa-preferida.-Gosto-de-jogar-a-dois-toques.-Os-meus-jogado-res-nao-sao-o-Messi

[vii] Gasperini, G P. (20 de mayo de 2020). Gian Piero Gasperini del Atalanta: "Los jugadores que no están acostumbrados a trabajar duro me asustan". Entrevistado por Fabrizio Romano para *The Guardian*. https://www.theguardian.com/football/2020/may/20/atalanta-gian-piero-gasperini-serie-a

[viii] Nva Roma _ Entrevistas [@FyP_Entrevistas]. (28 de diciembre de 2019). Extractos de la conferencia de Gian Piero Gasperini pertenecientes al canal de YouTube AulaWeb – Unige. [Tweet]. https://twitter.com/FyP_Entrevistas/status/1210962918449336325

[ix] Pérez, A. (01 de noviembre de 2019). "Ayoze Pérez: `La llegada de los entrenadores foráneos ha transformado la Premier´". Entrevistado por Bruno Alemany. *The Tactical Room* (Nº58), p-25.

[x] Tagliafico, N. (01 de mayo de 2019). "Nicolás Tagliafico: `Quiero dejar un legado con esta manera mía de ser ordenado, ser disciplinado, tener códigos éticos´". Entrevistado por Cecilia Lagos. *The Tactical Room* (Nº 53), p-30.

[xi] Nva Roma _ Entrevistas [@FyP_Entrevistas]. (13 de mayo de 2020). Extractos de la entrevista realizada a Timo Werner para el canal de YouTube "RB Leipzig". [Tweet]. https://twitter.com/FyP_Entrevistas/status/1260584071517868033

[xii] Gómez, A. (19 de febrero de 2020). Papu Gómez: "Con una gambeta se abre un mundo". Entrevistado por Die-

go Torres Romano para *El País*. https://elpais.com/deportes/2020/02/18/actualidad/1582056831_365538.html

SOBRE EL AUTOR

Rodrigo Arias nació en 1982, en Buenos Aires, Argentina. Es Licenciado en Ciencia Política (UBA) y Periodista Deportivo (DEPORTEA). Es creador de contenidos para diferentes plataformas, destacándose en la realización de videoanálisis, entrevistas traducidas y divulgación de material (entrevistas, notas o extractos de libros); ofreciendo una mirada integral del fútbol y del deporte.

www.ingramcontent.com/pod-product-compliance
Ingram Content Group UK Ltd.
Pitfield, Milton Keynes, MK11 3LW, UK
UKHW021830270726
14058UKWH00001B/79

9 789878 370309